Mutter Teresa

GREG WATTS

Für Suha,
die beste Tochter auf
der ganzen Welt

MUTTER TERESA

Heilige der Dunkelheit

Brendow.
VERLAG + MEDIEN

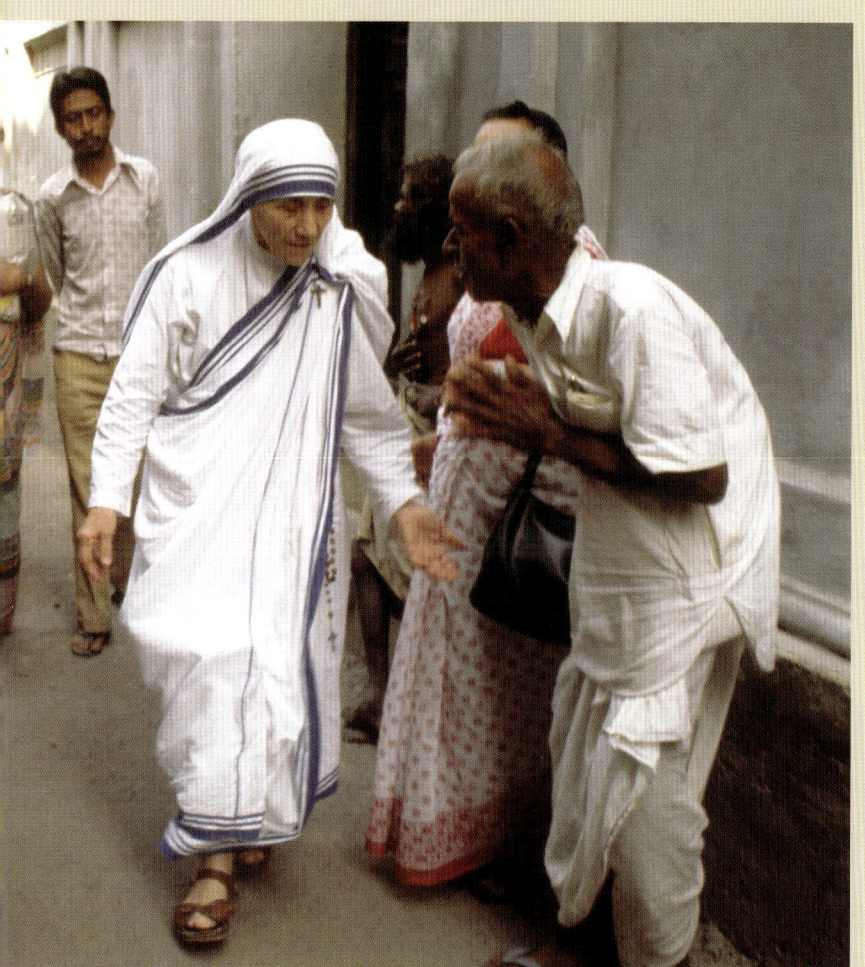

Bibliografische Information der Deutschen Nationalbibliothek
Die Deutsche Nationalbibliothek verzeichnet diese Publikation in der
Deutschen Nationalbibliografie; detaillierte bibliografische Daten
sind im Internet über http://dnb.d-nb.de abrufbar.

ISBN 978-3-86506-309-0
© der deutschen Ausgabe 2009 by Joh. Brendow & Sohn Verlag GmbH, D-Moers
Text copyright © 2009 Greg Watts. Original edition published in Englisch
under the title Mother Teresa by Lion Hudson plc., Oxford, England.
Copyright © Lion Hudson plc 2008
Aus dem Englischen von Sonja Rebernik
Einbandgestaltung: Brendow Verlag, Moers
Titelfoto: Raghu Rai/Magnum Photos
Satz: Satzstudio Winkens, Wegberg
Printed in China

www.brendow-verlag.de

Inhalt

EINLEITUNG

Man erhält nicht jeden Tag einen Anruf von einer der berühmtesten Frauen der Welt. Mir passierte es 1990, als ich noch als Journalist für die katholische Wochenzeitung *The Universe* (*Das Universum*) arbeitete, die damals ihren Hauptsitz gleich in der Nähe der Farringdon Road in London hatte. Zu dieser Zeit bearbeitete das Parlament gerade einen Gesetzesentwurf, der die gesetzlichen Abtreibungsbestimmungen aus dem Jahre 1967 ergänzen sollte, und es schien wahrscheinlich, dass die zeitliche Grenze für den Großteil der Schwangerschaftsabbrüche von der achtundzwanzigsten Woche auf die vierundzwanzigste Woche herabgesetzt werden würde. Also rief ich, hauptsächlich, um meinen Redakteur zu beeindrucken, im Mutterhaus der Missionarinnen der Nächstenliebe an und bat darum, Mutter Teresa nach einem Kommentar fragen zu dürfen.

Seit sie 1948 die Loretoschwestern verlassen hatte, um sich alleine in den Slums von Kalkutta durchzuschlagen, war diese kleine albanische Nonne in den Augen vieler Menschen so etwas wie eine lebende Heilige geworden. Sie kümmerte sich um die Sterbenden, war eine der Ersten, die sich der Aidskranken annahm, fuhr nach Äthiopien, um den Opfern der Hungersnot zu helfen, und riskierte mitten im Bürgerkrieg ihr Leben, um Kinder zu retten, die in einem Waisenhaus in Beirut eingeschlossen worden waren. UNO-Generalsekretär Javier Pérez de Cuéllar bezeichnete sie einmal als »die mächtigste Frau der Welt« und Kenneth Woodward, Religionsbeauftragter des amerikanischen Nachrichtenmagazins *Newsweek*, bemerkte, dass »Kardinäle und Bischöfe in Gegenwart dieser winzigen Frau zu glühen begannen. Wenn sie zusammen mit Papst Johannes Paul II. posierte, was sie häufig tat, dann war er der Nebendarsteller auf dem Foto.«[1] Es schien kaum eine Woche zu vergehen, in der *The Universe* kein Foto von Mutter Teresa abdruckte, was der Beweis dafür war, dass man kein schillernder Star sein musste, um den Absatz einer Zeitung in die Höhe zu treiben.

»Kardinäle und Bischöfe
begannen in Gegenwart
dieser winzigen Frau zu
glühen. Wenn sie zusammen
mit Papst Johannes Paul II.
posierte, was sie häufig tat,
dann war er der Neben-
darsteller auf dem Foto.«

Zu meiner Überraschung notierte sich die indische Schwester am anderen Ende der Leitung meine Nummer und versicherte mir, die Nachricht an Mutter Teresa weiterzuleiten. Mein Anruf war eigentlich nur ein halbherziger Versuch gewesen, der sicher einen guten Eindruck machen würde. Eine Frau, die den Friedensnobelpreis gewonnen hatte, würde sich wohl nicht die Mühe machen, mit einem Journalisten zu sprechen, der für eine kleine katholische Zeitung arbeitete.

Einige Stunden später hielt ein Kollege am anderen Ende der vollkommen im Chaos versinkenden Nachrichtenzentrale einen Telefonhörer in die Höhe und rief aufgeregt:»Es ist für dich!«

»Wer ist es?«, fragte ich, während ich auf meine uralte Schreibmaschine einhackte.

»Mutter Teresa«, platzte es aus ihm heraus.

Hätte er nicht so ein ungläubiges Gesicht gemacht, hätte ich wohl gedacht, dass es sich dabei bloß um einen weiteren seiner Scherze handelte. Es geschah schon selten, dass ein Bischof persönlich zurückrief, aber jemand von Mutter Teresas Kaliber?! Ich kann mich daran erinnern, dass ich nervös war, als ich ihm den Hörer abnahm. Ich drückte ihn gegen mein Ohr und hörte eine leise, geschäftsmäßige Stimme, die mich auf Englisch mit ausländischem Akzent fragte, was ich wolle.

Ich kann mich nicht mehr daran erinnern, was sie gesagt hat – wahrscheinlich das, was sie immer gesagt hat, nämlich, dass Abtreibung Mord sei und die größte Bedrohung für den Frieden auf dieser Welt –, doch ich kann mich sehr wohl an die Schlagzeile erinnern, die in dieser Woche auf der Titelseite prangte: »Mutter Teresa spricht mit *The Universe*«.

Ich muss beschämt zugeben, dass ich Mutter Teresa nie als besonders ansprechend empfunden habe. Sie war ein außergewöhnliches Beispiel für gelebten Glauben, doch sie schien in gewisser Weise zu eindimensional und viel zu heilig für jemanden wie mich zu sein, dessen Glaubensweg in Schlangenlinien verlief. Sie erinnerte mich an jene Heiligen, über die in zuckersüßen Biografien berichtet wird und die einem wie eine katholische Version von Superman oder Superwoman erscheinen.

Ich war nicht der Einzige, der ihrem Charme nicht erlegen war. In einer Fernsehdokumentation mit dem Titel *Engel der Hölle* (*Hell's Angel*), die von dem britischen Fernsehsender Channel 4 ausgestrahlt wurde, beschuldigte der Journalist Christopher Hitchens sie, sich bei Diktatoren und Betrügern einzuschmeicheln und die kranken und sterbenden Menschen in ihren Häusern schlecht zu behandeln. Er behauptete, dass ihr Image als Inbegriff des Mitleids bloß ein Mythos sei, der von den Medien erschaffen und verbreitet wurde. Stattdessen sei sie eine katholische Fundamentalistin und eine Verfechterin der unheilvollen Außenpolitik des Vatikans.

Mutter Teresa starb 1997 in Kalkutta (heute Kolkata) im Alter von 87 Jahren an einem Herzinfarkt. Nur einige Tage zuvor war Prinzessin Diana bei einem Autounfall in Paris ums Leben gekommen. Zwei große Symbole des späten Zwanzigsten Jahrhunderts; eine von ihnen ein Sinnbild der Heiligkeit, die andere ein Sinnbild des Ruhms. Erst einige Monate zuvor waren die beiden fotografiert worden, als sie die Niederlassung der Missionarinnen der Nächstenliebe in der Bronx in New York gemeinsam lächelnd verließen.

1998 befand ich mich selbst in Bagdad, da ich von der chaldäisch-katholischen Kirche und der irakischen Regierung zu einer Konferenz eingeladen worden war, bei der es um die negativen Auswirkungen der UN-Sanktionen auf die Bevölkerung ging. Ich konnte nie viel mit Konferenzen anfangen. Zumindest das haben Mutter Teresa und ich gemeinsam. Doch indem ich die Einladung annahm, ergab sich für mich die Möglichkeit, etwas über das Leben in einem der abgeschottetsten und, wie man uns sagte, repressivsten Ländern der Erde zu erfahren.

Ich wanderte lieber durch Bagdads Straßen, als im Konferenzsaal des zehnstöckigen Hotels »Babylon« zu sitzen, in dem ich auch wohnte, und einer Reihe

Mutter Teresa hatte den Irak gleich nach dem Golfkrieg besucht und Saddam Hussein in ihrer nüchternen Art erklärt, dass sie ein Haus in Bagdad eröffnen wolle. Der Mann, der von den Regierungen und Medien des Westens als Dämon dargestellt wurde, stimmte ihrer Bitte zu und schon bald darauf traf eine Gruppe von Schwestern ein, um ein Waisenhaus zu eröffnen.

von gut gemeinten aber langatmigen Reden der Kirchenvertreter, Hilfsprojektmitarbeiter und irakischen Politiker zuzuhören.

An einem drückend heißen Nachmittag machte ich mich alleine auf den Weg durch die staubigen und heruntergekommenen Straßen und landete schließlich in Karada, einem besser situierten Bezirk, der an zwei Seiten vom Tigris begrenzt wird und in dem viele der fünfhunderttausend Christen der Stadt leben.

Ich ließ die Geschäfte und Cafés entlang der Hauptstraße hinter mir und bog in eine enge Gasse ein, wo ich schließlich an einem kleinen Gebäude vorbeikam, über dessen Tür ein einfaches Schild hing, das es als Niederlassung der Missionarinnen der Nächstenliebe auswies. Mutter Teresa hatte den Irak gleich nach dem Golfkrieg besucht und Saddam Hussein in ihrer nüchternen Art erklärt, dass sie ein Haus in Bagdad eröffnen wolle. Der Mann, der von den Regierungen und Medien des Westens als Dämon dargestellt wurde, stimmte ihrer Bitte zu und schon bald darauf traf eine Gruppe von Schwestern ein, um ein Waisenhaus zu eröffnen.

Ich klingelte und die Tür wurde von einer freundlichen indischen Schwester geöffnet, die das Markenzeichen der Missionarinnen der Nächstenliebe, einen weißen Sari mit blauen Streifen und einen weißen Schleier, trug. Ich erklärte ihr, dass ich Journalist und Teilnehmer der Friedenskonferenz sei. Mutter Teresas Schwestern sind dafür bekannt, nicht mit den Medien zu sprechen, doch als ich ihr erklärt hatte, dass ich etwas über die Lebensbedingungen der Menschen unter den UN-Sanktionen herausfinden wolle und für eine katholische Zeitung arbeitete, bat sie mich hereinzukommen.

Sie führte mich einen Flur entlang in einen großen Raum, wo ich plötzlich etwa fünfundzwanzig Kindern gegenüberstand. Sie schienen alle entweder körperlich oder geistig behindert zu sein, in einigen Fällen sogar beides. In ihre unschuldigen Gesichter zu schauen, brach mir das Herz. Einige saßen aufrecht in ihren Gitterbetten, andere liefen umher und spielten mit den Schwestern.

Dann fiel mir auf, dass einige der Kinder an die Gitterstäbe der Betten gebunden worden waren. Ich weiß nicht, ob die Schwester mein fassungsloses Gesicht bemerkt hatte, sie sagte auf alle Fälle nichts. Stattdessen gab sie mir ein Glas Wasser und erklärte den Kindern, dass ich aus London gekommen sei. Meine Anwesenheit machte die Kinder neugierig und sie scharten sich um mich, kicherten, zogen an meinen Armen und stellten mir Fragen auf Arabisch.

Als die Schwester und ich uns in einem kleinen Raum zusammensetzten, erklärte sie mir, dass einige der Kinder von ihren Eltern verlassen worden waren; in anderen Fällen waren die Eltern unauffindbar. Es war nicht bloß die Schuld des Golfkrieges, dass so viele Kinder einen oder beide Elternteile verloren hatten. In den Achtzigerjahren hatte der achtjährige Krieg zwischen dem Irak und dem Iran geschätzten 400.000 Irakern das Leben gekostet. Das tägliche Leben war aufgrund der Sanktionen hart, da Nahrungsmittel, Medikamente und andere grundlegende Dinge fehlten. Außerdem gab es täglich Stromsperren. Als ich sie fragte, wie die Schwestern es schafften, sich um eine Gruppe von Kindern mit so schwerwiegenden körperlichen und geistigen Behinderungen zu kümmern, gab sie zu, dass es nicht einfach war, vor allem, weil manche der Kinder hyperaktiv waren. Der Grund, warum einige von ihnen manchmal für kurze Zeit an die Gitterstäbe gebunden wurden, sei, um sie davon abzuhalten, sich selbst zu verletzen, fügte sie hinzu. Während sie mit mir sprach, zeigten sich auf ihrem fröhlichen Gesicht für kurze Zeit Anzeichen von Anspannung und Erschöpfung. Die Niederlassung wurde lediglich von ihr selbst und vier anderen Schwestern betrieben, sie waren allesamt Inderinnen. Doch ihr Lächeln kehrte bald zurück und von irgendwoher konnte ich Mutter Teresas Worte hören, dass man das Elend akzeptieren, fröhlich sein und Jesus niemals ablehnen solle. Bevor ich ging, sangen die Kinder auf Englisch ein Lied für mich. Ich hätte am liebsten geweint.

2003 kehrte ich nach Bagdad zurück, zwei Wochen nachdem die US-Panzer in die Stadt gerollt waren und George Bush der Welt bekannt gegeben hatte, dass der Irak befreit worden war. Ich besuchte die Schwestern ein weiteres Mal. Es hatte sich wenig geändert. Doch dieses Mal war ich nicht schockiert, als ich Kinder sah, die an ihre Gitterbetten gebunden worden waren. Einige Zeit später erfuhr ich, dass das Waisenhaus aufgrund der Bombenangriffe, der umherziehenden Todeskommandos und der Entführungen, die in der Stadt vorkamen, in den Norden des Iraks verlegt worden war, wo es sicherer war.

Das Engagement dieser Schwestern im Irak beeindruckte mich, dennoch fand ich Mutter Teresa selbst noch immer nicht besonders anziehend.

Das änderte sich 2007, als Pater Brian Kolodiejchuk, ein kanadischer Priester der Missionarinnen der Nächstenliebe und maßgeblich an dem Prozess ihrer Heiligsprechung beteiligt, entschied, Auszüge aus ihren Tagebüchern und einige der Briefe, die sie an ihre spirituellen Berater geschrieben hatte, zu veröffentlichen. Einige dieser Schriftstücke waren bereits zuvor veröffentlicht worden, doch ich hatte mir nicht die Mühe gemacht, sie zu lesen. Dieses Mal tat ich es. Sie waren wie eine Offenbarung. Während die Welt annahm, dass Mutter Teresa einen direkten Draht zu Gott hatte, kämpfte sie selbst gegen ein Gefühl der Leere, gegen die Verdorrtheit ihrer Gebete und gegen das Gefühl der Zurückweisung durch Gott. Sie sprach ständig von der Liebe Gottes, vor allem für die Armen und Schwachen, doch das Wort, das ihr im Geheimen am einfachsten über die Lippen kam, war »Dunkelheit«. 2007 erklärte Papst Benedikt XVI. einer Gruppe junger Menschen während einer Frage-und-Antwort-Stunde im Rahmen einer Gebetsvigil im italienischen Loreto: »Trotz ihrer Wohltätigkeit und der Stärke ihres Glaubens litt Mutter Teresa unter Gottes Schweigen.«

Es wurden bereits viele Bücher über Mutter Teresa geschrieben, doch vorangegangene Biografien konnten noch nicht auf diese Briefe zurückgreifen. Ich hoffe, dass mein Buch neue Einblicke in das Leben einer der außergewöhnlichsten und umstrittensten Frauen der heutigen Zeit geben kann.

Kapitel 1

DIE SAAT DES GLAUBENS

Die Stadt Skopje liegt versteckt im Schoße des Balkans, am Fuße des Vodno-Gebirges und an der Hauptverbindungsstrecke zwischen Belgrad und Athen. Heute ist Skopje die Hauptstadt der ehemaligen jugoslawischen Republik Mazedonien. Wie viele Orte in der tiefsten Provinz Osteuropas wurde die Stadt über die Jahrhunderte von einer explosiven Mischung verschiedenster Völker und Religionen geprägt: von den Römern, den Slawen, den Byzantinern, den Bulgaren, den Serben, den Slowenen und den Kroaten. Die Mustafa-Pascha-Moschee und die Burg Kale, die sich auf den Hügeln über der Stadt befinden, erinnern daran, dass Skopje 500 Jahre lang Teil des türkisch-osmanischen Reiches war. Ein Grund für die oftmals gewaltsame Vergangenheit der Stadt ist ihre Lage in einer religiösen Störungszone, die im elften Jahrhundert entstand, als sich die lateinisch sprechenden Bischöfe des Westens und die griechisch sprechenden Bischöfe des Ostens entzweiten und getrennte Wege gingen, wodurch die Kirche in einen katholischen und einen orthodoxen Zweig gespalten wurde.

Am 26. August 1910, dem Tag, an dem Agnes Gonxha Bojaxhiu geboren wurde, befand sich Skopje noch immer unter türkischer Herrschaft. Ihre Eltern, Nikola und Dranafile, stammten beide aus Albanien und siedelten sich in der Stadt an, nachdem sie die historische Stadt Prizren, die im heutigen Kosovo liegt, verlassen hatten. Warum sie ihr Heimatland verlassen hatten, ist unklar. Möglicherweise war eine Choleraepidemie in Prizren

Die Stadt Skopje in Mazedonien wurde über die Jahrhunderte von vielen Völkern geprägt.

Albanischer Nationa-
lismus tritt in Form
einer Demonstration
gegen die Türken auf
den Straßen von Oskub
(dem heutigen Skopje)
zutage, 1912.

oder die Verfolgung durch die Türken ausschlaggebend. Vielleicht sah ihr Vater auch bessere geschäftliche Möglichkeiten in Skopje. Agnes, die Gonxha (sprich »Gohn-jah«) genannt wurde, war ihr jüngstes Kind. Sie hatten außerdem noch einen Sohn, Lazar, und eine weitere Tochter, Aga.

Die Familie Bojaxhiu lebte am südlichen Ufer des Flusses Vardar, in derselben Straße, in der sich auch die Pfarrkirche Herz Jesu befand, wo Agnes am Tag nach ihrer Geburt getauft wurde. Als katholische Familie gehörten sie einer kleinen Minderheit innerhalb einer Stadt an, in der die Menschen entweder Muslime oder orthodoxe Christen waren.

Obwohl zahllose Bücher und Artikel über Mutter Teresa verfasst wurden, ist kaum etwas über ihre Kindheit bekannt, und die Informationen, die wir haben, sind manchmal widersprüchlich. Sie schien mit keinem der Biografen, mit denen sie zusammenarbeitete, gerne näher darauf eingehen zu wollen. Jeden, der über ihr Leben schreiben wollte, forderte sie auf, bei der Gründung der Missionarinnen der Nächstenliebe zu beginnen, so als würde sie diesen Zeitpunkt als spirituellen Beginn der Zeitrechnung empfinden.

Agnes war ein kleines und, nach allem, was bekannt ist, nicht sehr kräftiges Kind, das an Malaria, Keuchhusten und Klumpfüßen litt. Das mag auch der Grund dafür sein, warum ihre Eltern zusammen mit anderen Familien aus der Stadt Urlaub in Vrnjacka Banja machten, einem hübschen Kurbad inmitten von Wäldern und sanften Hügeln.

Ihr Vater war ein raffinierter Geschäftemacher. Er arbeitete zunächst für einen örtlichen Arzt, für den er Medikamente an Apotheken verkaufte, bevor er bei einem Bauunternehmer anheuerte, um schließlich für einen italienischen Händler Waren wie Öl, Zucker, Stoffe, Leder und Nahrungsmittel zu verkaufen. Ihre Eltern waren nicht reich, doch es scheint, als hätten sie ein sorgenfreies Leben geführt und als wären sie jenen, die Not litten, großzügig zur Seite gestanden. Als Agnes fragte, wer denn diese Leute seien, antwortete ihre Mutter: »Manche sind Verwandte, doch alle sind unsere Familie.« Agnes begleitete ihre

Mutter manchmal, wenn diese das Haus einer älteren Frau sauber machte oder eine andere Frau, eine Alkoholikerin, besuchte. Ihr Vater sagte einmal:»Meine Tochter, nimm nie auch nur einen Happen Essen, wenn du nicht bereit bist, ihn mit anderen zu teilen.«[1]

Ihre Eltern versuchten ein Zuhause zu schaffen, das auf den Werten ihres katholischen Glaubens basierte. Jeden Abend knieten die Kinder neben ihnen im Wohnzimmer nieder, um den Rosenkranz zu beten; dieses Ritual hinterließ einen tiefen Eindruck bei Agnes. Auf ihren Reisen wurde Mutter Teresa niemals müde, dasselbe Mantra immer wieder zu wiederholen:»Eine Familie, die zusammen betet, bleibt zusammen.« Dieses Beispiel tiefen Glaubens und gelebten Christentums hinterließ unauslöschliche Spuren bei ihr.

Jahre später erzählte ihr Bruder Lazar:»Von uns dreien war sie die Einzige, die niemals Marmelade stahl. Sie war jedoch so selbstlos und liebenswert, dass sie mir half, die Lade des Esszimmerschrankes zu öffnen, die so hoch oben war, dass ich es allein nicht schaffte.«[2]

Ihr Vater fungierte als Stadtrat – der einzige katholische – und war am Bau des ersten Theaters in Skopje beteiligt. Seine Bekanntheit innerhalb der Stadt führte dazu, dass ständig zahlreiche angesehene Persönlichkeiten in ihrem Haus ein und aus gingen, darunter auch der Erzbischof.

Nikola Bojaxhiu war ein lebensfroher Mann, der nichts lieber hatte als einen Abend voller Gelächter und Musik (er spielte in einer Musikgruppe namens *Die Stimmen der Berge*), gegenüber seinen Kindern war er jedoch streng und setzte klare Regeln, wobei er immer betonte, wie wichtig gute Manieren und harte Arbeit seien. Er glaubte daran, dass ihre Ausbildung der Schlüssel zu ihrem zukünftigen Leben sei.

Zeichnung aus einem französischen Magazin, die einen Kameramann zeigt, der unter Beschuss gerät, während er eine Kampfhandlung des ersten Balkankrieges (1912–1913) filmt. Die Truppen des Balkanbundes schafften es schließlich, der Unterdrückung durch das türkisch-osmanische Reich ein Ende zu setzen.

Erzherzog Franz Ferdinand und seine Frau bei einem Besuch in Sarajevo am 28. Juni 1914. Einige Minuten später werden die beiden einem Mord zum Opfer fallen. Dieser Vorfall führte zum Ausbruch des Ersten Weltkrieges.

Darüber hinaus war er ein glühender Anhänger der albanischen Nationalismusbewegung, die seit dem neunzehnten Jahrhundert immer stärker wurde. Als Serbien, Griechenland, Bulgarien und Montenegro ihre Kräfte zusammenlegten und somit 1912 das Ende der türkisch-osmanischen Herrschaft herbeiführten, veranstaltete er ein Fest und zündete als Symbol für den Sieg einen Stapel Streichholzschachteln an. Seine Freude währte jedoch nur kurz, denn ein Jahr später begann Bulgarien einen Streit um die Ausbeute des Krieges und stellte sich gegen seine ehemaligen Verbündeten. Die Instabilität auf dem Balkan führte 1914 zur Ermordung des Erzherzogs Franz Ferdinand in Sarajevo, ein Ereignis, das Europa in einen ausgewachsenen Krieg stürzte.

Agnes war acht Jahre alt, als ihre Kindheit 1918 mit einem Schlag zerstört wurde. Ihr Vater kam von einem politischen Treffen in Belgrad nach Hause und fühlte sich krank; er wurde in Windeseile ins Krankenhaus gebracht, wo er sich einer Notoperation unterziehen musste. Am nächsten Tag starb er.

Die große Menschenmenge, die die Stadt zu seinem Begräbnis bevölkerte, zeigte, wie populär er in Skopje gewesen war. Ob er tatsächlich von seinen politischen Gegnern vergiftet worden war, wie einige vermuteten, konnte nie bewiesen werden.

Die Mutter war nun plötzlich alleine und musste hart kämpfen, um ihre drei Kinder zu versorgen. Es sieht so aus, als hätte Nikolas Geschäftspartner sämtliche Gewinne an sich genommen und ihr nichts davon übrig gelassen. Obwohl ihre Familie Immobilien und Land in Albanien besaß, konnte sie aufgrund eines nicht näher bekannten Streites finanziell nicht davon profitieren. Um über die Runden zu kommen, begann Dranafile zu nähen und zu sticken und stellte Hochzeitskleider und Kleider für festliche Anlässe her.

Agnes schloss ihre Grundschulausbildung in der zur Pfarrkirche Herz Jesu gehörenden Schule ab und wurde dann auf das staatliche Gymnasium von Skopje geschickt. Im Gegensatz zu ihrem Zuhause, wo die Familie albanisch sprach, wurde hier der Unterricht auf Serbokroatisch abgehalten. Sie war ein künstlerisch begabtes und kluges Kind, das gerne auf der Mandoline spielte und Gedichte schrieb. Sie veröffentlichte sogar einige Artikel in der örtlichen Zeitung. Sowohl sie selbst als auch ihre Schwester waren Mitglieder im Kirchenchor und traten oft bei Wohltätigkeitsveranstaltungen auf.

AUF DER SUCHE NACH IHRER BERUFUNG

Schon im Alter von zwölf Jahren dachte Agnes daran, später Nonne zu werden, wollte dann aber doch lieber Lehrerin werden. Die Ankunft von Pater Franjo Jambrekovich in der Pfarre im Jahre 1924 hatte große Auswirkungen auf sie.

Im Gegensatz zu seinem Vorgänger, Pater Zadrima, war er ein charismatischer Priester, der andere begeistern konnte, voller Ideen war und es nicht erwarten konnte, die Energie und den Enthusiasmus der örtlichen katholischen Teenager weiter anzustacheln. Agnes schloss sich einer Gruppe katholischer Mädchen an, die sich zu Gebet und sozialen Diensten trafen; darüber hinaus nahm sie an geführten Spaziergängen, Konzerten, Ausflügen und anderen Aktivitäten teil.

Pater Jambrekovich forderte seine Gemeindemitglieder auf, für Missionare zu beten. Agnes war von den Missionaren fasziniert, vor allem von den Geschichten, die sie in den katholischen Zeitschriften las und die von kroatischen und slowenischen Priestern handelten, die in Indien arbeiteten. Als Pater Jambrekovich einige Missionare dazu einlud, Vorträge in seiner Kirche zu halten, saß sie wie gebannt im Publikum. Zu dieser Zeit betonte die Kirche sehr stark den Bedarf an katholischen Missionaren. 1926 rief Papst Pius XI. in seiner päpstlichen Enzyklika Rerum Ecclesiae (»Über die Pflicht und Art der Förderung der heiligen Mission«) zu einer Erneuerung der Missionarstätigkeiten auf der ganzen Welt auf.

Thérèse Martin als Karmeliternovizin in einem Nonnenkloster in Lisieux, etwa 1890. Sie entdeckte Gott in der Alltäglichkeit des Lebens.

Agnes war ebenso fasziniert von Thérèse Martin, einer jungen Karmeliternonne, die im Alter von 15 Jahren in ein Kloster in Lisieux in Nordfrankreich eintrat und 1897 im Alter von 24 Jahren an Tuberkulose starb. Auf den ersten Blick schien ihr Leben keinesfalls außergewöhnlich. Doch ihre Autobiografie, die ein Jahr danach unter dem Titel *Geschichte einer Seele* erschien, wurde zum Bestseller. Die Anziehungskraft des Buches beruht auf dem Prinzip, das Thérèse als »den kleinen Weg der Heiligkeit« beschrieb: Gott in den eintönigen Momenten des Lebens zu finden. Mit ihren Beschreibungen der spirituellen Dunkelheit und des Gefühls, von Gott verlassen worden zu sein, traf sie viele Katholiken ebenfalls mitten ins Herz. Sie schrieb: »Wenn ich von himmlischem Glück und dem immerwährenden Erfülltsein durch Gott singe, spüre ich keine Freude, denn ich singe nur, was ich glauben möchte.«[3]

1925 wurde sie von Papst Pius XI. heiliggesprochen und war von da an unter dem Namen hl. Thérèse von Lisieux bekannt, manchmal wurde sie auch als »die kleine Blume« bezeichnet, ein Name, den sie benutzte, um sich selbst zu beschreiben. Obwohl sie sich dafür entschieden hatte, ein Leben im Kloster zu führen, wollte sie immer als Missionarin arbeiten. Das war ein Grund dafür, warum Papst Pius XI. die hl. Thérèse zusammen mit einem spanischen Jesuiten, dem hl. Franz Xaver, zur Schutzpatronin der im Ausland tätigen Missionare erkor.

Im Alter von 18 Jahren dachte Agnes ein weiteres Mal darüber nach, sich für ein religiöses Leben zu entscheiden, doch dieses Mal in konkreterer Form für ein Leben als Missionarin. Obwohl ihre Mutter mit gemischten Gefühlen auf die Neuigkeiten reagierte, legte sie ihr keine Hindernisse in den Weg.

In einem kurzen Brief an die Mutter
Oberin in Dublin schrieb sie:
»Seid so nett und schenkt meinem
ernsthaften Anliegen Gehör. Ich möchte
Eurem Orden beitreten, sodass ich
eines Tages eine Missionsschwester
werden und für Jesus arbeiten kann,
der für uns alle gestorben ist.«

Im August 1928 besuchte Agnes zu Mariä Himmelfahrt den katholischen Altar der Schwarzen Madonna in dem Dorf Letnice in Montenegro.

Nachdem sie nach Skopje zurückgekehrt war, kam sie zu dem Schluss, dass Gott sie tatsächlich zu einem religiösen Leben berief. Sie wandte sich an den Loretoorden, dessen Mitglieder in Schulen in Indien unterrichteten. In einem kurzen Brief an die Mutter Oberin in Dublin schrieb sie:»Seid so nett und schenkt meinem ernsthaften Anliegen Gehör. Ich möchte Eurem Orden beitreten, sodass ich eines Tages eine Missionsschwester werden und für Jesus arbeiten kann, der für uns alle gestorben ist.«[4]

Die Mutter Oberin schrieb zurück und stimmte einer Aufnahme zu; sie erklärte ihr jedoch auch, dass sie zunächst nach Dublin gehen und Englisch lernen musste, bevor sie das Noviziat im indischen Darjeeling antreten konnte.

Ihr Bruder Lazar, der mittlerweile als Offizier in der Armee diente, bat sie inständig, sorgfältig über diese Entscheidung nachzudenken. Agnes entgegnete schroff:»Du denkst, du bist jemand Bedeutendes, weil du als Offizier einem König über zwei Millionen Untertanen dienst. Aber ich diene dem König der ganzen Welt! Was meinst du, wer von uns beiden besser dran ist?«[5]

Am 25. September 1928 versammelten sich Familie und Freunde auf dem Bahnsteig des Bahnhofs von Skopje, um sich von ihr zu verabschieden. Ihre Abreise war der Zeitung *Katholische Missionen* einen Kommentar wert; sie schrieb:»Sie war die Seele der Unternehmungen der katholischen Mädchen und des Kirchenchors und alle werden bestätigen, dass sie eine enorme Lücke hinterlässt.«

Erst nach vielen Jahren sollte sie wieder nach Skopje zurückkehren.

Kapitel 2

DIE BOTSCHAFT

Die Loretoschwestern sind eine Untergruppe des Ordens der Englischen Fräulein (Institutum Beatae Mariae Virginis, IBVM), der 1609 von der Engländerin Mary Ward gegründet wurde. Der neue Orden war als weibliche Version der Jesuiten gedacht, jenem Orden, der die katholische Kirche als Schocktruppe durch die Reformation geführt hatte und der Jahrhunderte später eine einflussreiche Rolle in Agnes' Leben in Indien spielen sollte. Wie die Jesuiten sollten die Schwestern des IBVM nicht hinter Klostermauern leben, Alltagskleidung statt religiöser Tracht tragen und jede Arbeit verrichten, um die sie gebeten wurden. Obwohl ihre neue Glaubensgemeinschaft sehr erfolgreich war, erregte Ward das Misstrauen einiger Bischöfe. Sie wurde der Ketzerei bezichtigt und ihre Klöster wurden geschlossen. Nachdem sie bei einer Romreise ihr Anliegen dem Papst vortrug, wurde sie von allen Vorwürfen freigesprochen. Sie starb 1645 in England.

Die Loretoschwestern wurden von Frances Ball gegründet, die das IBVM-Kloster in York verließ, um in ihrer Heimatstadt Dublin eine religiöse Lebensgemeinschaft zu gründen. Zusammen mit drei anderen jungen Frauen zog sie in das Rathfarnham Haus, das ihr der Erzbischof von Dublin zur Verfügung gestellt hatte, und änderte den Namen in »Loreto«, nach jenem Dorf in Italien, in das Jesu Haus in Nazareth der Legende nach auf undurchsichtige Weise transportiert worden war. Ihre Gemeinschaft wurde unter dem Namen »Loretoschwestern« bekannt.

1841 verließ eine Abordnung von Loretoschwestern Irland und reiste nach Kalkutta, wo sie eine Mädchenschule gründeten. Sechs Jahre später wurde eine weitere Schule in Darjeeling gegründet.

Als Agnes die Einfahrt zur imposanten Loretoabtei hinaufging, die inmitten eines weit ausgedehnten Areals lag, muss sie, wie jedes 18-jährige Mädchen, für das gerade ein neuer Abschnitt ihres Lebens beginnt, wohl eine Mischung aus Aufregung und Angst verspürt haben.

Während ihres sechswöchigen Aufenthalts wird Agnes wohl kaum in die

Welt außerhalb der Klostermauern hinausgekommen sein. Vermutlich verbrachte sie ihre Tage mit dem Erlernen der englischen Sprache und half bei der Hausarbeit. Ihre tatsächliche Ausbildung begann erst, als sie im Kloster von Darjeeling ihr Postulat begann, eine Art Probezeit, bevor sie als ordentliche Novizin aufgenommen werden konnte.

DARJEELING

Am 1. Dezember 1928 trat Agnes eine fünfwöchige Schiffsreise nach Indien an. Sie gewann einen ersten kurzen Eindruck von ihrem neuen exotischen Heimatland, als das Schiff in Madras (heute Chennai) vor Anker ging. Später schrieb sie: »Viele Menschen leben auf der Straße, entlang der Stadtmauern, sogar an Plätzen, auf denen sich die Menschenmassen tummeln. Tag und Nacht leben sie im Freien auf Matten, die sie aus großen Palmblättern hergestellt haben – oder oft sogar auf dem blanken Boden. Sie sind alle praktisch nackt,

Sie fand schnell heraus, dass sich der Glaube der meisten Menschen in Indien drastisch von ihrem eigenen unterschied.

tragen bestenfalls ein zerrissenes Tuch um die Lenden. An ihren Armen und Beinen tragen sie sehr schmale Reifen und Schmuck in ihren Nasen und Ohren. Auf ihrer Stirn sieht man Abzeichen, die eine religiöse Bedeutung für sie haben.«[1] Sie fand schnell heraus, dass sich der Glaube der meisten Menschen in Indien drastisch von ihrem eigenen unterschied. Etwa 80 % der Inder waren Hindus und 10 % Muslime. Christen stellten wie die Sikhs, Buddhisten, Jainisten, Zoroastrier, Juden und Angehörige anderer Glaubensrichtungen eine Minderheit dar.

Das Christentum war seit dem ersten Jahrhundert nach Christus in Indien vertreten – manche gehen davon aus, dass der Apostel Thomas in einem Boot in Cranganore (heute Kodungallur) im Bundesstaat Kerala an der Südwestküste vor Anker ging. 1542 führte der hl. Franz Xaver, ein spanischer Jesuit, eine katholische Mission im Auftrag des Königs von Portugal nach Goa. Im 19. Jahrhundert schwappte schließlich eine ganze Welle von europäischen Missionarsbewegungen nach Indien, darunter auch die Loretoschwestern.

Agnes' neues Zuhause wurde ein viktorianisches Kloster in Darjeeling, einer schönen Stadt, die hoch in den Ausläufern des schneebedeckten Himalajas angesiedelt war. Die Stadt war zu einer beliebten Sommerresidenz der herrschenden englischen Klasse geworden, die so der drückenden Hitze Kalkuttas entkommen konnte.

Nachdem Agnes ihr Postulat abgeschlossen hatte, wurde sie im Mai 1929 zur Novizin ernannt und trug nun eine weiße Tracht mit schwarzem Schleier. Wie es für eine Novizin üblich war, änderte sie ihren Namen und nannte sich fortan Maria Teresa, nach der Heiligen Jungfrau Maria und der hl. Thérèse von Lisieux. Der Zweck ihrer Novizenschaft war, wie allgemein üblich, der jungen Frau die geistlichen und praktischen Grundlagen zu vermitteln, die sie für das Leben als Nonne brauchen würde. Die tägliche Messe und das gemeinsame Beten am Morgen, zu Mittag, am Abend und in der Nacht – das Stundengebet – bildeten das Grundgerüst. Ein Großteil des Tages wurde schweigend verbracht. Agnes lernte die Geschichte des Ordens und seine Spiritualität kennen und studierte die Bibel, die Lehren der Kirche und die Grundlagen des Lehrerberufs. Nachdem sie nach wie vor nur über elementare Kenntnisse der englischen Sprache verfügte, muss ihr das Lernen wohl nicht gerade einfach von der Hand gegangen sein.

Am 24. Mai 1931 kniete sie in der Novizinnenkapelle nieder und legte ihr erstes, zeitlich befristetes Gelübde der Armut, Keuschheit und des Gehorsams ab. Dieses Gelübde würde sie nun sechs Jahre lang jedes Jahr erneuern, bis sie schließlich ihr ewiges, feierliches Gelübde ablegen sollte.

Unter dem Namen Schwester Teresa übernahm sie ihre ersten Aufgaben als lernende Schwester; sie gab Unterricht in der Klosterschule und arbeitete mit einer Gruppe von Krankenschwestern in einer Missionsstation. In einem Artikel für die Zeitschrift *Katholische Mission* schrieb sie im November 1931: »Die winzige Veranda ist immer voller kranker, elender und unglücklicher Menschen. Alle Augen richten sich voller Hoffnung auf mich. Mütter geben mir ihre kranken Kinder, ihre Gesten ähneln jenen auf dem Bild in der Apotheke. Mein Herz ist voller Freude: Lieber Jesus Christus, ich kann deine Arbeit weiterführen. Ich kann viele ihrer Sorgen lindern, ich kann sie trösten und behandeln, indem ich die Worte des besten Freundes ihrer Seelen wiederhole. Manche von ihnen nehme ich sogar in die Kirche mit.«[2]

Mutter Teresa verbrachte ihre Zeit als Novizin in Darjeeling, in den Ausläufern des Himalajas. Das Massiv des Kangchendzönga bildet einen spektakulären Hintergrund.

*Sie versuchte, in
den Mädchen ein
Bewusstsein für jene
Menschen zu schaffen,
die weniger Glück
gehabt hatten.*

Bei ihrer Ankunft in In-
dien sah Mutter Teresa
zuallererst ein riesiges
Chaos, in dem sich
Menschenmassen, Fahr-
zeuge und Tiere gegen-
seitig den Platz streitig
machten.

Viele der Menschen, die in das Krankenhaus kamen, waren zuvor drei Stunden zu Fuß unterwegs gewesen. Da ein Großteil der Patienten kaum jemals eine
Schule besucht hatte, musste sie oft mehrere Male erklären, wie ein Medika-
ment angewendet werden sollte.

Ein Bild in der Krankenhausapotheke hatte es ihr besonders angetan. Es
zeigte Jesus umringt von einer Menge leidender Menschen. »Jeden Morgen,
bevor ich mit der Arbeit beginne, sehe ich mir dieses Bild an«, schrieb sie.
»Alles, was ich fühle, ist darin konzentriert. Ich denke mir: ›Jesus Christus, das
ist für dich und für all diese Seelen.‹«

KALKUTTA

Nachdem sie ihre zweijährige Zeit als Novizin abgeschlossen hatte, packte sie
ihre wenigen Habseligkeiten und stieg in einen Zug nach Kalkutta (heute Kolkata), der größten Stadt Indiens. Am Fluss Hugli gelegen, der von einer imposanten Hängebrücke überspannt wurde, war Kalkutta eine lebhafte, far-
benfrohe und chaotische Stadt, in der sich Rikschas, Straßenbahnen, Busse,
Fahrradfahrer, Taxis und sogar Rinder ihren Weg durch die Straßen bahnten.

Das palastartige Regierungsgebäude, die Kuppeln des Viktoriadenkmals
und der inmitten von weiten Parkanlagen gelegene Marmorpalast erweckten
den Eindruck, als ob Teile der Stadt aus England hierher transportiert worden
wären. Doch im Schatten dieser Symbole einer Kolonialmacht konnten sich
viele der Menschen, die zusammengepfercht durch die Straßen wanderten,
kaum selbst am Leben halten.

Schwester Teresas neues Zuhause war ein freundlicher Klosterkomplex in
Entali, einem heruntergekommenen Bezirk im Osten der Stadt in der Nähe
des Sealdah Bahnhofs. Der Komplex umfasste zwei Schulen, eine für etwa 500
Mädchen aus reichen Familien und eine weitere, St. Mary's, für Mädchen aus
weniger gut situierten Familien.

Sie wurde St. Mary's zugeteilt, die von den »Töchtern der heiligen Anna« geführt wurde, einer aus bengalischen Schwestern bestehenden Gemeinde, die von den Loretoschwestern gegründet worden war. Statt der traditionellen schwarz-weißen Tracht trugen sie blaue Saris. Zuerst unterrichtete Teresa Geschichte, später Geografie. Aus dem wenigen, was wir wissen, geht hervor, dass sie eine talentierte und beliebte Lehrerin war. Sie versuchte, in den Mädchen ein Bewusstsein für die Bedürfnisse jener Menschen zu schaffen, die weniger Glück gehabt hatten. Das erreichte sie, indem sie sie darin bestärkte, kleine Opfer zu bringen; so sollten sie beispielsweise auf einen Ausflug oder auf Süßigkeiten verzichten und das Geld stattdessen den Armen geben, die unmittelbar außerhalb der Klostermauern in Moti Jihil lebten, einem Gebiet, das auch unter dem Namen *Perlensee* bekannt war, der von einem schmutzigen Teich in der Mitte des Gebiets herrührte, der die Menschen vor Ort mit Trinkwasser versorgte.

Mutter Teresa wurde Mitglied einer Gemeinschaft, die von Pater Julien Henry, dem Pfarrer ihrer Kirche, geleitet wurde und die Ähnlichkeiten mit jener Gruppe hatte, der sie bereits in Skopje angehört hatte. Jeden Sonntag ging sie hinaus in die Slums von Kalkutta, um die Armen zu besuchen, auch wenn sie das Gefühl hatte, ihnen nicht viel bieten zu können. Sie beschrieb einen Besuch in einem der Gebäude folgendermaßen:»In diesem Gebäude leben zwölf Familien; jede Familie hat ein eigenes Zimmer, zwei Meter lang und eineinhalb Meter breit. Die Türen sind so schmal, dass ich mich kaum durchzwängen kann, die Decke ist so niedrig, dass es unmöglich ist, aufrecht zu stehen. Und

diese Menschen müssen vier Rupien für diese Bruchbuden zahlen; wenn sie nicht pünktlich zahlen, werden sie auf die Straße geworfen. Es wundert mich mittlerweile nicht mehr, dass meine Schülerinnen ihre Schule so sehr lieben und auch nicht, dass so viele an Tuberkulose erkrankt sind.«

»Eine der armen Frauen beklagte sich nie über ihre Armut. Ich war traurig und glücklich zugleich, dass meine Ankunft ihr Freude bereitet hatte. Eine andere sagte zu mir: ›Oh, Ma! Komm wieder zu uns – dein Lächeln hat die Sonne in dieses Haus gebracht.‹ Auf dem Weg zurück nach Hause dachte ich mir: Oh mein Gott, wie einfach es doch ist, an diesem Ort Fröhlichkeit zu verbreiten! Gib mir die Kraft, für immer das Licht in ihrem Leben zu sein, sodass ich sie am Ende zu dir führen kann.«[3]

1937 war ihre lange Ausbildungszeit vorüber und sie ging nach Darjeeling zurück, um dort ihr ewiges Gelübde abzulegen – ihre endgültige Verpflichtung zu einem Leben als Nonne. Die Zeremonie war von solch hoher Feierlichkeit und Wichtigkeit, dass sie von Erzbischof Ferdinand Perier von Kalkutta geleitet wurde. In schwarzer Tracht, mit schwarzem Schleier und weißem Guimpe und umgeben von anderen Schwestern, kniete sie sich vor ihn hin und versprach, Gott für den Rest ihres Lebens als Mitglied der Gemeinschaft zu dienen. Doch sie sollte nur einen Teil ihres Versprechens halten.

Fünf Jahre später entschloss sie sich, noch ein weiteres geheimes Gelübde abzulegen, nämlich, Jesus niemals etwas zu verweigern. Dieses Gelübde sollte zum Grundstein für viele ihrer späteren Errungenschaften werden.

Ihre Fähigkeiten als Lehrerin und Führungskraft fanden Anerkennung, als sie zur Schulleiterin von St. Mary's und gleichzeitig auch zur Oberin der Töch-

Nach den vier Tage lang dauern-
den Kämpfen zwischen Hindus
und Muslimen im August 1946
liegen die Körper der Getöteten
auf den Straßen. Geschätzte
5.000 Menschen kamen bei den
Gewaltausbrüchen ums Leben.

ter der heiligen Anna ernannt wurde. (Seltsamerweise behielt sie diese Position
nur für kurze Zeit, bevor ihre Vorgängerin, Mutter Cenacle, eine ältere Mauriti-
erin, wiederernannt wurde.)

In der Zwischenzeit waren in Kalkutta harte Zeiten angebrochen. Die ohnehin bereits stark wachsende Bevölkerung der Stadt schwoll weiter an, als 1943
eine Hungersnot über Bengalen (eine Region, die heute zu Indien und Bangladesch gehört) hereinbrach und geschätzten zwei Millionen Menschen das Leben
kostete. Zehntausende Menschen machten sich auf der Suche nach Nahrung
auf den Weg nach Kalkutta. Die Spannungen zwischen Hindus und Muslimen,
die bereits seit einiger Zeit zu brodeln begonnen hatten, eskalierten im August
1946. Vier Tage lang herrschten auf den Straßen Kalkuttas Aufruhr, Gewalt
und Terror; geschätzte 5.000 Menschen starben, 15.000 wurden verletzt.

Das Chaos, das ausbrach, hatte zur Folge, dass die Nahrungsversorgung in
der Stadt zum Erliegen kam und die 300 Schülerinnen von St. Mary's nichts
mehr zu essen hatten. Trotz der überall lauernden Gefahren verließ Schwester
Teresa die Schule und wagte sich hinaus auf die blutgetränkten Straßen. Dort
wurde sie von einem Lastwagen voller Soldaten angehalten und aufgefordert,
in die Schule zurückzukehren. Sie weigerte sich und erklärte ihnen stattdessen,
in welcher verzweifelten Situation sich ihre Schülerinnen befanden. Als sie das
hörten, erklärten sich die Soldaten bereit, einige Säcke Reis zur Schule zu bringen. Es war nicht das einzige Mal, dass sie ihr eigenes Leben für das anderer
Menschen riskierte.

DIE BERUFUNG

Am 10. September 1946 bestieg Schwester Teresa einen überfüllten Nachtzug
nach Darjeeling, um ihren jährlichen Rückzug in das Loretokloster anzutre-
ten. Die endlosen Vororte Kalkuttas machten ländlichen Gebieten Platz und sie
muss sich wohl darauf gefreut haben, bald die Möglichkeit zu haben, zu beten

Auf einer Zugfahrt nach Darjeeling
änderte sich Mutter Teresas Leben
für immer. Diese alte Fotografie
zeigt einen Zug, der sich eine steile
Kurve auf jener Strecke hinunter-
wagt, an der auch sie entlangkam.

»Die Botschaft war
völlig eindeutig:
Ich sollte das Kloster
verlassen und den
Armen helfen, indem
ich unter ihnen lebte.
Es war ein Befehl.«

und nachzudenken. Sie war mittlerweile sechsunddreißig Jahre alt und es waren beinahe achtzehn Jahre vergangen, seit sie Skopje verlassen hatte, um dem Orden beizutreten. Das Unterrichten machte sie glücklich, doch sie konnte jene Menschen nicht vergessen, die außerhalb der Klostermauern jeden Tag ums Überleben kämpften. Als Loretoschwester lebte sie ein einfaches und sparsames Leben, doch verglichen mit dem Leben der Armen war ihr Leben annehmlich und leicht. Sie bekam drei Mahlzeiten am Tag, hatte saubere Kleider und ein Bett, in dem sie schlafen konnte, und sie musste sich keine Sorgen ums Geld machen.

Als sich der Zug seinen Weg nach Norden in Richtung der Gipfel des Himalajas bahnte, geschah etwas mit ihr. In diesem Moment änderte sich ihr Leben für immer: Sie hatte das Gefühl, zu hören, wie Gott sie bat, das Kloster zu verlassen und unter den Armen zu leben. Später beschrieb sie es als Berufung innerhalb einer Berufung, als sie sagte:»Die Botschaft war völlig eindeutig: Ich sollte das Kloster verlassen und den Armen helfen, indem ich unter ihnen lebte. Es war ein Befehl. Ich wusste, wohin ich gehörte, doch ich wusste nicht, wie ich dorthin gelangen sollte.«[4]

Als sie acht Tage später in das Kloster in Engali zurückkehrte, erzählte sie einigen der anderen Schwestern, was im Zug passiert war. Ihre Reaktion darauf ist nicht bekannt, es kann jedoch angenommen werden, dass zumindest manche nicht von ihrer Geschichte überzeugt waren.

Zu dieser Zeit war der 38-jährige Pater Celeste Van Exem Mutter Teresas spiritueller Berater, ein belgischer Jesuit, der eine Zeit lang in der Wüste gemeinsam mit den Beduinen

gelebt hatte und nun als Priester in der Kirche *Our Lady of Dolours* (Unsere liebe Frau der Schmerzen) tätig war. Als sie ihm von der Stimme erzählte, die sie gehört hatte, und ihm einige Notizen zeigte, die sie während ihres Rückzugs nach Darjeeling hingekritzelt hatte, hörte er ihr aufmerksam zu. Schließlich ermutigte er sie, zu beten, und schlug zusätzlich vor, im darauffolgenden Januar mit Erzbischof Perier zu sprechen, falls sie die Berufung bis dahin noch immer verspürte.

EINE PROBEZEIT

Schwester Teresa fühlte sich so stark mit Gott verbunden wie noch nie zuvor. Sie hatte keinen Zweifel daran, dass Gott zu ihr gesprochen hatte, und sie wurde ungeduldig, da sie sofort mit ihrer neuen Mission beginnen wollte. Sie sollte jedoch herausfinden, dass die katholische Kirche in solchen Belangen sorgfältig und langsam vorgeht. Es ist keine einfache Sache, wenn eine Nonne ihren Orden wieder verlassen möchte. Das Gelübde, das Schwester Teresa elf Jahre zuvor gegenüber den Loretoschwestern abgelegt hatte, sollte lebenslang Gültigkeit haben. Um von ihrem Gelübde entbunden zu werden, musste der Fall von Erzbischof Perier, dem Generaloberen des Ordens, und auch vom Vatikan untersucht werden.

Im Januar 1947 machte ihr Pater Van Exem den Vorschlag, an Erzbischof Perier zu schreiben. In einem langen und leidenschaftlichen Brief erklärte sie ihm, dass sie während ihres Rückzugs nach Darjeeling eine Stimme gehört

habe, die unter anderem zu ihr gesagt hatte:»Ich möchte indische Nonnen«,
und:»Verweigere dich mir nicht.«[5] Die Stimme sagte weiter, dass viele Straßen-
kinder gerettet werden müssten, da sie jeden Tag der Sünde verfielen. Und die
Nonnen mancher Orden würden diese Kinder ignorieren, weil sie lieber mit
den Reichen zusammenarbeiteten. Sie legte ihre Pläne für einen neuen Orden
dar, der den Namen »Missionarinnen der Nächstenliebe« oder »Missionars-
schwestern der Nächstenliebe« tragen sollte und dessen Grundsätze das Leben in
Armut, das Leben im Gebet, das Betreiben von kostenlosen Schulen und die
Versorgung der Kranken und Sterbenden beinhalten sollten.

Um ihr Anliegen zu untermauern, bezog sie sich auf die Geschichte der
Franziska Xaviera Cabrini, die 1880, nachdem sie von zwei religiösen Glaubensgemeinschaften aufgrund ihres schlechten Gesundheitszustandes abgewiesen worden war, von einem Bischof ermutigt wurde, einen neuen Orden zu
gründen: die Missionsschwestern vom Heiligsten Herzen (Missionary Sisters of
the Sacred Heart). Sie rief eine Missionsstation in den Vereinigten Staaten ins
Leben, gründete in den Jahren darauf viele weitere Krankenhäuser, Waisenhäuser und Schulen und wurde schließlich als erste amerikanische Staatsbürgerin heiliggesprochen.

Trotz Schwester Teresas inständigem Bitten und ihren Erzählungen von
einer Stimme war der Erzbischof nicht davon überzeugt, dass es das Richtige
für sie wäre, ihren Orden zu verlassen. Wenn sie den Wunsch verspürte, unter den Armen zu arbeiten, dann sollte sie das in Zusammenarbeit mit einem
Orden, wie jenem der Töchter der heiligen Anna, tun. Das schien insofern
sinnvoll zu sein, meinte er, da dieser Orden ohnehin bereits eine solche Art von
Arbeit verrichtete. Warum also einen neuen Orden gründen? Darüber hinaus
war er besorgt, dass angesichts des politischen und religiösen Klimas in der
Stadt eine europäische Nonne, die sich unter den Armen bewegte, in manchen
Kreisen Feindseligkeiten heraufbeschwören könnte. Das Letzte, was er wollte,
waren Anschuldigungen, wonach die Katholiken versuchten, Kapital aus der

*»Zögern Sie es nicht
hinaus«, schrieb sie,
»denn Seelen könnten
verloren gehen.«*

instabilen Situation zu schlagen. Er sagte ihr, dass er ein Jahr warten wolle,
bevor er eine Entscheidung traf. Das war vernünftig. Sollte Mutter Teresa tatsächlich eine Berufung erhalten haben, ihren Orden zu verlassen und unter
den Armen zu arbeiten, dann wäre sie auch in einem Jahr noch überzeugt
davon, wie er meinte.

Sie war enttäuscht und frustriert, doch sie blieb gegenüber dem Erzbischof
gehorsam. Wenn es Gottes Wille war, dann würde es auch geschehen.
Das Verhältnis zwischen ihr und den Oberinnen der Loretoschwestern war
jedoch nicht frei von Spannungen. Sie zeigten sich wegen ihres Verhaltens
und nicht zuletzt wegen ihrer Beziehung zu ihrem Beichtvater Pater Van Exem
besorgt. Manche Schwestern äußerten Zweifel über die viele Zeit, die sie mit
ihm verbrachte. Diese Äußerungen mögen vielleicht nicht mehr gewesen sein
als kleinliche Eifersucht, wie sie manchmal in dem Treibhausklima religiöser
Orden an die Oberfläche tritt. Was auch immer der Grund dafür war, Schwester
Teresa reiste in ein Loretokloster in Asansol ab, einer Bergwerksstadt nördlich
von Kalkutta, wo sie Hindi, Bengalisch, Hygiene und Geografie unterrichtete.
Nachdem es den Oberinnen eines religiösen Ordens erlaubt war, sämtliche von
den Schwestern verfasste Korrespondenz zu lesen, traf sie die kluge Entscheidung, ihre Briefe an Pater Van Exem einzustellen.

Sie schrieb jedoch weiterhin an Erzbischof Perier und bekniete ihn, seine
Meinung zu ändern und sie sofort einen neuen Orden gründen zu lassen,
indem sie sich wieder auf Franziska Xaviera Cabrini bezog und ihn fragte:
»Warum kann ich nicht dasselbe für Ihn [Gott] hier in Indien tun, das sie in
Amerika getan hat?«[6] Die Briefe vermittelten dieselbe Dringlichkeit, die später
ihr Leben charakterisieren sollte. Jedes Mal bestand er jedoch darauf, dass sie
noch warten solle. Er wollte sichergehen, dass ihre Bitte nicht auf Eigennutz
oder religiöse Verblendung zurückzuführen war oder einfach eine Entschuldigung sein sollte, um den Loretoorden zu verlassen.

Sie stellte sich der vorsichtigen Haltung des immer wütender werdenden

Erzbischofs Perier entgegen, indem sie ihn aufforderte, an Papst Pius XII. zu schreiben. »Zögern Sie es nicht hinaus«, schrieb sie, »denn Seelen könnten verloren gehen.« In einem seiner Briefe antwortete Erzbischof Perier, er sei »ziemlich erstaunt« über ihre Beharrlichkeit und würde deshalb ihrer Bitte nachkommen. Nur der Vatikan, so erklärte er ihr, könne ihr diese Erlaubnis erteilen.

Er bat sie, eine kurze Aufstellung über die Ziele, Mittel, Regeln, Rekrutierungsmethoden und Erfolgsmöglichkeiten ihres geplanten Ordens niederzuschreiben und teilte ihr mit, dass er für ein paar Monate nach Rom fahren und sich ihre Unterlagen ansehen würde, wenn er im September zurückkehrte.

Im Mai 1947 verließ sie Asansol und zog sich nach Darjeeling in das Loretokloster zurück. Hier erfuhr sie laut Pater Van Exem eine »tiefe Trostlosigkeit« und spielte mit dem Gedanken, ihren Plan fallen zu lassen. Doch sie blieb hartnäckig und schickte dem Erzbischof die Aufstellung ihrer Pläne, die er verlangt hatte. Pater Van Exem riet ihr, die Sache von nun an auf sich beruhen zu lassen und sie in die Hände von Erzbischof Perier zu legen.

Später im selben Jahr gab Großbritannien Indien die Unabhängigkeit zurück und teilte es in zwei Staaten: in Ost- und Westpakistan, dessen Bevölkerung hauptsächlich aus Muslimen bestand, und Indien, dessen Bevölkerung zum Großteil dem Hinduismus angehörte. Dieses Vorgehen löste im ganzen Land noch mehr Gewalt aus und es kam zu einer der größten Auswanderungsbewegungen, die die Welt jemals gesehen hatte: Millionen Muslime machten sich auf den Weg nach Pakistan, während Millionen Sikhs und Hindus nach Indien flohen. Bei einem Zwischenfall wurde ein Zug, der von Delhi nach Pakistan unterwegs war, in der Nähe der für die Sikh heiligen Stadt Amritsar aus dem Hinterhalt angegriffen und rund 1.200 muslimische Flüchtlinge niedergemetzelt.

Massen von hungrigen und verzweifelten Menschen stürmten nach Kalkutta. Als Mutter Teresa im Juli aus Asansol in die Stadt zurückkehrte, zeigte der Anblick so vieler verzweifelter Menschen ihr, wie wichtig es war, bald mit ihrer neuen Mission zu beginnen.

Mahatma Gandhis
Salzmarsch stellt
die Herrschaft
Großbritanniens
über Indien infrage,
12. März 1930.

In einem Brief an Pater Van Exem behauptete sie, drei Visionen empfangen zu haben. In der ersten Vision befand sie sich inmitten einer Menschenmenge, die rief:»Komm, komm, rette uns – bring uns zu Jesus.« In der zweiten befahl ihr die Jungfrau Maria:»Bring sie zu Jesus – trage Jesus zu ihnen hin«, und in der dritten fragte Jesus sie:»Wirst du es ablehnen, das für mich zu tun?«, und Schwester Teresa antwortete:»Du weißt, Jesus, ich bin jederzeit bereit, anzufangen.«[7]

Erst am 16. Januar 1948 gab ihr Erzbischof Perier, nachdem er sich mit einem Theologen in Rom und einigen vertrauenswürdigen Priestern beraten hatte, die Erlaubnis, dem zu folgen, was ihrer Meinung nach ihre Berufung war.

Er war damit einverstanden, dass Schwester Teresa einen Brief an die Mutter Oberin Gertrude Kennedy in Dublin schrieb, in dem sie um eine Entlassung aus dem Orden bat. Wenn diese zustimmte, würde die weitere Zustimmung im Vatikan einzuholen sein, wobei man dort nicht sehr begeistert von der Gründung neuer Orden war, die die gleiche Arbeit verrichteten wie bereits Hunderte andere Frauenorden auch.

Pater Van Exem erklärte sich bereit, ihr beim Verfassen des Briefes an Mutter Gertrude zu helfen, und erklärte ihr, dass es zwei Möglichkeiten gab: ein Ansuchen um Gewährung einer Exklaustration oder ein Ansuchen um Gewährung einer Säkularisierung. Die erste Möglichkeit würde bedeuten, dass sie eine Ordensschwester blieb, die nach wie vor an ihre Gelübde gebunden war und zu den Loretoschwestern zurückkehren konnte, falls ihre Unternehmungen scheitern sollten. Im zweiten Fall würde sie von ihren Gelübden entbunden werden und wäre daraufhin wieder eine Laiin. Pater Van Exem riet ihr, um Exklaustration anzusuchen. Er dachte sich vermutlich, dass ihr diese Möglichkeit eine gewisse Sicherheit und ein Zuhause verschaffen würde, falls ihre Mission schieflaufen sollte. Doch sie war nicht auf der Suche nach Sicherheit, ganz im Gegenteil. Sie wollte unter den Armen leben. Sie ignorierte seinen Ratschlag

und entschied sich für die Säkularisierung. Sie war überzeugt, dass sie nicht versagen würde, weil Gott nach ihr rief.

Erzbischof Perier zog ebenfalls die Säkularisierung vor. In dem Begleitbrief, den er Schwester Teresas Ansuchen beilegte, schrieb er, dass sie »nicht immer richtig verstanden wird, im Ansehen von einigen wenigen nicht sehr hoch angesiedelt ist und manche ihr vielleicht nicht einmal wohlgesonnen sind, was hauptsächlich auf ihre vorherige Ausbildung zurückzuführen ist, die sich in vielerlei Hinsicht von jener in anderen Ländern Europas unterscheidet, da sie jugoslawischer Nationalität ist«. (Ihr Heimatland war mittlerweile ein Teil Jugoslawiens.) Trotzdem unterstützte er ihr Anliegen und beschrieb sie als »vollkommen selbstlos«.

Zieht man die Spannungen in Betracht, die zwischen Schwester Teresa und einigen Mitgliedern der Loretoschwestern herrschten, scheint es wahrscheinlich, dass Mutter Gertrude ihr Ansuchen ablehnte. Doch das tat sie nicht. Sie gab ihr die Erlaubnis, den Orden zu verlassen, und riet ihr, im Vatikan nicht um Säkularisierung, sondern um Exklaustration anzusuchen, da sie so eine Ordensschwester bleiben konnte.

Die instabile Lage in der Stadt eskalierte einige Tage nachdem Mutter Gertrudes Brief angekommen war; Mahatma Ghandi, der Indiens Kampf um die Unabhängigkeit von Großbritannien angeführt hatte, wurde auf seinem Weg zu einem Gebetstreffen in Neu-Delhi erschossen. Als Hindu sah Gandhi das

Gute in allen Religionen und glaubte daran, dass das einzig moralisch akzeptable Mittel zur Veränderung der Gesellschaft, in gewaltfreien Maßnahmen lag, vor allem im zivilen Ungehorsam. Die symbolträchtigste Unternehmung Gandhis war der sogenannte Salzmarsch im Jahre 1930, bei dem er Tausende seiner Anhänger auf einem 390 Kilometer langen Marsch von seinem Ashram nahe Ahmedabad weg bis ans Meer führte, um gegen die britische Salzsteuer zu protestieren. Sein Tod löste Unruhen im ganzen Land aus. Indien hatte genau in dem Moment einen seiner größten Söhne verloren, als die Frau, die einmal seine größte Adoptivtochter werden sollte, sich darauf vorbereitete, mit ihrer Mission zu beginnen.

Pater Van Exem half Schwester Teresa, einen neuen Brief zu verfassen, den sie dieses Mal an die Religionskongregation in Rom adressierte. Erzbischof Perier teilte ihr mit, dass ihr die Erlaubnis erteilt worden war, die Loretoschwestern zu verlassen, wenn auch nur für ein Jahr, und dass ihr die Exklaustration gewährt worden war. Nach diesem Jahr läge es an Erzbischof Perier – ihrem neuen Vorgesetzten –, über ihre Zukunft zu entscheiden.

Schwester Teresa hatte sich entschieden, nicht länger die lange, schwarzweiße Tracht der Loretoschwestern zu tragen, sondern einen einfachen Sari. Papst Pius XI. hatte seine Missionare dazu aufgerufen, ihre Kultur niemandem aufzudrängen, sondern die Sitten und die Lebensweisen jener Menschen anzunehmen, denen sie dienten. Am 16. August 1948 stieg sie gemeinsam mit einer ganzen Menschenmenge in einen Zug nach Patna, einer am Ganges gelegenen Stadt im Nordwesten des Landes; sie trug einen billigen weißen Sari mit einem blauen Streifen, den sie auf dem örtlichen Basar gekauft hatte, und hatte nur fünf Rupien in der Tasche. Ihr Plan sah vor, vier Monate in einem Krankenhaus der Heiligen Familie zu verbringen, um die Grundlagen der medizinischen Versorgung zu erlernen. Es war nicht einfach, die Loretoschwestern zu verlassen, die zwanzig Jahre lang ihre Familie gewesen waren. Sie war bei ihnen sehr glücklich gewesen. Nun war sie vollkommen alleine.

Kapitel 3

IM DIENST DER ARMEN

D as Krankenhaus der Heiligen Familie in Patna wurde von den Missionsärztlichen Schwestern betrieben, einem aus Ärzten und Krankenschwestern bestehenden religiösen Orden, der 1925 von Anna Dengel, einer 33 Jahre alten Österreicherin, gegründet worden war. Nach Abschluss ihrer medizinischen Ausbildung reiste diese in den Norden Indiens, um dort als Ärztin zu arbeiten, und war entsetzt darüber, wie viele Menschen keinen Zugang zu einer medizinischen Grundversorgung hatten. Ein Problem stellten vor allem die muslimischen Frauen dar, die sich nicht von einem männlichen Arzt untersuchen lassen wollten. Die Schwestern betrieben nicht nur ein Krankenhaus in der Stadt, sondern auch eine Krankenpflegeschule für junge indische Frauen.

Schwester Teresa absolvierte im Schnellverfahren einen Grundkurs für Erste Hilfe bei Mutter Dengel, lernte Krankheiten wie Cholera, Tuberkulose und Pocken kennen, bekam einen Einblick in die Praxis der Chirurgie und Geburtshilfe sowie in die Pflege von Babys und kranken Kindern. Außerdem wurde ihr beigebracht, wie wichtig Hygiene ist und wie Krankenbetten gemacht, Injektionen verabreicht, Medikamente verwaltet und Kinder zur Welt gebracht werden.

Die Missionsärztlichen Schwestern, mit denen sie zusammenarbeitete, waren von Schwester Teresas Enthusiasmus, Neues zu lernen, und ihrem Willen, alles zu tun, worum man sie bat, beeindruckt, doch einige ihrer Vorstellungen beunruhigten sie auch zutiefst. Als sie Mutter Dengel erzählte, dass sie die Schwestern, die sich ihr eventuell anschließen wollten, ebenso wie sich selbst den Nahrungsgepflogenheiten der Armen entsprechend nur von Reis und Salz ernähren wollte, reagierte Mutter Dengel entsetzt und machte ihr klar, dass sie so alle in den Tod treiben würde. Sie erklärte ihr, dass eine nährstoffreiche und ausgeglichene Ernährung unentbehrlich sei, um die Art von Arbeit zu leisten, die sie vor Augen hatte, da jede Schwester für solch mühevolle Tätigkeiten stark genug sein müsse. Außerdem gab sie zu bedenken, dass Hygiene ein entscheidender Faktor sei, weshalb die Kleider täglich und gründlich gewaschen werden müssten.

Während ihres Aufenthalts in Patna traf Schwester Teresa Jacqueline de Decker, eine junge belgische Sozialarbeiterin, die nach Indien gekommen war, um den Armen zu helfen. Als diese von der Arbeit hörte, die Schwester Teresa in Kalkutta leisten wollte, fragte sie sie, ob sie sich ihr anschließen könnte. Sie war jedoch von schwacher Gesundheit, und als sie nach Antwerpen zurückkehrte, wurde eine Erkrankung der Wirbelsäule diagnostiziert und sie musste sich zahlreichen Operationen unterziehen. Trotzdem sollte sie noch eine Rolle in Schwester Teresas Arbeit spielen.

Eine der Missionsärztlichen Schwestern erinnert sich an Schwester Teresas Zeit im Krankenhaus: »Einige Tage bevor sie abreiste, unterhielten Mutter Teresa und ich uns im Garten, der uns als Friedhof diente, zwischen den Grabsteinen. Sie sagte, dass sie keine Ahnung hätte, wo und wie sie weitermachen sollte, um ihre Ideale zu verfolgen.«[1]

Nachdem sie nur einige Wochen in Patna verbracht hatte, beschloss Schwester Teresa, dass sie genug gelernt hätte, und bat um Erlaubnis, nach Kalkutta zurückkehren zu dürfen. Sie war begierig darauf, ihre Mission zu beginnen. Pater Van Exem und Erzbischof Perier hatten jedoch berechtigte Sorgen, dass sie noch nicht genug medizinisches Wissen erworben hatte, um eine solche Arbeit zu leisten. Es ist verwunderlich, dass Mutter Dengel Schwester Teresa unterstützte. Ein paar Wochen Vorbereitung scheinen kaum ausreichend zu sein, um Menschen medizinische Hilfe zu gewähren, die wahrscheinlich mehrfache gesundheitliche Probleme aufweisen würden. Vielleicht war sie von Mutter Teresas Enthusiasmus, den Armen zu helfen, angesteckt worden. Vielleicht entdeckte sie in ihr aber auch dieselbe Hingabe, die sie selbst dazu gebracht hatte, den Sprung ins Ungewisse zu wagen und die Missionsärztlichen Schwestern zu gründen.

Kalkuttas Straßen
wurden von Bettlern
gesäumt, wie hier
außerhalb des Tempels
von Kalighat.

IN DEN SLUMS

Schwester Teresa hatte angenommen, dass sie vorübergehend in einem leer
stehenden Gebäude unterkommen könnte, das den Loretoschwestern gehörte.
Sie war bestürzt, als die Mutter Oberin ihr mitteilte, dass das nicht möglich sei,
weil es »gegen die Gewohnheiten und die Geistlichkeit des Ordens« verstoße.
Das war nicht die Art von Antwort, die sie sich von dem Orden erwartet hatte,
dem sie zwanzig Jahre ihres Lebens gewidmet hatte. Sie ließ sich jedoch nicht
entmutigen und schloss sich den Kleinen Schwestern der Armen im Kloster

Junge indische Frauen schlossen sich Mutter Teresas Mission an, um sich um die Kranken und Armen zu kümmern.

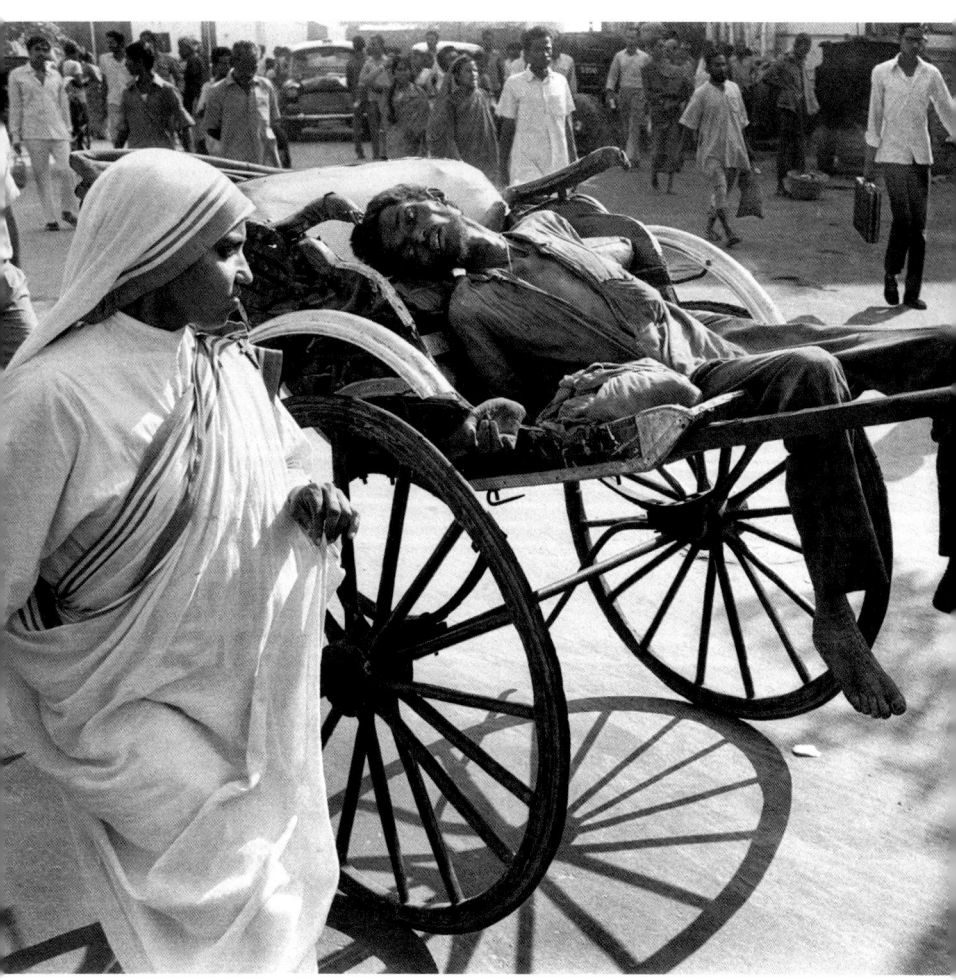

*Überall, wo sie hinsah,
fehlte es den Menschen
an Nahrung, Kleidung
und medizinischer
Versorgung.*

St. Joseph an, wo sie sich gemeinsam mit ihnen um alte Menschen kümmerte.

Bevor sie mit ihrer Mission begann, zog sie sich unter der Leitung von Pater Van Exem acht Tage lang zurück und legte ihre Zukunft in Gottes Hände, darauf vertrauend, dass er sie führen und sich um sie kümmern würde. Kurz vor Weihnachten 1948 machte sie sich eines Tages früh am Morgen von St. Joseph aus auf den Weg zu den baufälligen Gebäuden und Hütten in den engen Straßen und Gassen von Moti Jihil. Nach der Aufteilung des Landes waren Unmengen verzweifelter Menschen in die Stadt gekommen. Überall, wo sie hinsah, fehlte es den Menschen an Nahrung, Kleidung und medizinischer Versorgung. Viele schliefen schließlich in den Bahnhöfen, an den Ufern des Hugli, auf den Bürgersteigen oder einfach überall, wo sie Platz finden konnten. Die meisten überlebten, indem sie bettelten, andere lagen auf der Straße und warteten auf den Tod. Die Suppenküchen und Apotheken, die die Stadtbehörde eingerichtet hatte, waren überlastet.

Da Unterrichten das Einzige war, das sie konnte, beschloss Schwester Teresa, eine Schule unter freiem Himmel einzurichten. Sie wusste, dass es in Moti Jihil Hunderte oder vielleicht sogar Tausende Kinder gab, die nicht zu Schule gingen. Die Tatsache, dass sie keine Schreibtische, Stühle

Sie wurde rasch bekannt und jeden Tag kamen mehr und mehr Kinder zu ihr. Es dauerte nicht lange, bis sie sich nach einer Unterkunft umzusehen begann. Die fünf Rupien, die sie bei sich gehabt hatte, als sie das Loretokloster verließ, waren gerade genug, um die Miete für zwei kleine Hütten zu bezahlen.

oder auch nur Bleistifte hatte und ihr auch das Geld fehlte, diese Dinge zu kaufen, konnte sie nicht aufhalten. Gott würde alles zur Verfügung stellen. Sie brauchte nicht lange, um Familien zu finden, die ihr Angebot, ihre Kinder zu unterrichten, mehr als bereitwillig annahmen. Dennoch mussten die Menschen wohl etwas verwirrt oder gar misstrauisch reagiert haben, als sie diese lächelnde europäische Frau in ihrem einfachen weißen Sari und den billigen Sandalen sahen.

An ihrem ersten Schultag ließ sie eine Gruppe Kinder vor sich auf dem Boden Platz nehmen und begann, ihnen Kinderreime und das bengalische Alphabet beizubringen, indem sie die Buchstaben mit einem Stock in den Boden ritzte. Sie gab ihnen auch praktischen Unterricht in Hygiene und zeigte ihnen, wie man sich die Haare wusch und kämmte.

Sie wurde rasch bekannt und jeden Tag kamen mehr und mehr Kinder zu ihr. Es dauerte nicht lange, bis sie sich nach einer Unterkunft umzusehen begann. Die fünf Rupien, die sie bei sich gehabt hatte, als sie das Loretokloster verließ, waren gerade genug, um die Miete für zwei kleine Hütten zu bezahlen.

Als Nahrung gab sie den Kindern zu Mittag Milch zu trinken und jene, die regelmäßig kamen, aufmerksam waren und sich selbst sauber hielten, bekamen ein Stück Seife als Belohnung. Einige Jahre später sagte sie einmal, dass viele der Kinder sich damals wohl zum ersten Mal in ihrem Leben gewaschen hätten.

In ihrem Tagebuch aus dieser Zeit schrieb sie:»Habe N. getroffen, der mir erzählte, dass es zu Hause nichts mehr zu essen gäbe. Ich gab ihm das Geld für meine Straßenbahnfahrkarte, alles Geld, das ich noch hatte, und ging zu Fuß nach Hause.«

Sie muss wohl ständig daran gedacht haben, dass sie nur ein Jahr Zeit hatte, um Erzbischof Perier zu beweisen, dass es ihre wahre Berufung war, unter den Armen zu leben. Wenn ihre Arbeit Erfolg haben sollte, dann brauchte sie andere Menschen, die genauso engagiert waren wie sie selbst. Wer also würde bereit sein, Zeit zu opfern, um ihr zu helfen, ohne dafür bezahlt zu werden? Die Antwort lag in einigen ihrer früheren Schülerinnen von St. Mary's.

Eines Tages im Jahre 1949 erwähnte Pater Van Exem gegenüber Michael Gomes, einem Mitglied der Legion Mariens (Legio Mariae), die von dem Dubliner Frank Duff gegründet worden war, um Arbeit für die Armen und Benachteiligten zu leisten, dass Schwester Teresa einen Ort brauchte, an dem sie leben konnte. Gomes bot an, den zweiten Stock seines dreistöckigen Kolonialhauses in der Creek Lane zur Verfügung zu stellen, der leer stand, seit zwei seiner Brüder im Jahr davor nach Pakistan gegangen waren. Sein Angebot wurde dankbar angenommen.

Als Schwester Teresa einzog, hatte sie lediglich einen Umzugskarton, den sie als Schreibtisch verwenden konnte, einen Koffer, einige Schachteln und einen Stuhl bei sich. Gomes weigerte sich, Miete von ihr entgegenzunehmen.

Einige Wochen später tauchte Subashini Das, eine ihrer früheren Schülerinnen von St. Mary's, vor dem Haus in der Creek Lane auf und erklärte Schwester Teresa, dass sie sich ihr anschließen wolle. Einige Zeit zuvor hatte Schwester Teresa zu Subashinis Gunsten vor Gericht ausgesagt, als ihre Eltern versucht hatten, sie von der Schule zu nehmen, um sie zu verheiraten. Im darauffolgenden Monat gesellte sich Magdalena Gomes (es bestanden keine Verwandtschaftsbeziehungen zu der Familie, der das Haus gehörte) zu ihnen und kurz darauf folgten zwei weitere Mädchen. Wenn man bedenkt, dass die Abschlussprüfungen der Mädchen kurz bevorstanden, ist es vielleicht nicht verwunderlich, dass ihre Familien ihren Enthusiasmus, den Armen zu helfen, nicht teilten.

Nicht nur die Familien der Mädchen waren unzufrieden mit Schwester Teresa. Die Oberinnen der Loretoschwestern waren der Meinung, sie würde ihnen zukünftige Novizinnen abspenstig machen. Die Konsequenz war, dass den Schülerinnen jeglicher Umgang mit ihr verboten wurde. Einige Loretoschwestern behaupteten sogar, sie würde mit dem Teufel zusammenarbeiten.

Pius XII
(1876–1958),
Papst von
1939–1958.

Mutter Teresa
sah Christus
in den Ärmsten
der Armen.

Schwester Teresa begann, alles, was sie in Patna gelernt hatte, an ihre neuen Gehilfinnen weiterzugeben: wie man Menschen wäscht, Wunden reinigt, Verletzungen verbindet und Ähnliches. Nichtsdestotrotz glaubte sie, dass es ihre Hauptaufgabe war, jedem Mädchen zu helfen, in der Liebe Gottes zu wachsen und ein Leben im Gebet zu führen. Sie nahm sie mit zur Messe in der Kirche St. Teresa und organisierte für sie katechetische Unterweisungen bei Pater Van Exem.

Als sie während ihrer Zugfahrt nach Darjeeling zum ersten Mal daran gedacht hatte, einen neuen Orden zu gründen, war ihr vermutlich nicht bewusst gewesen, welche riesige Verantwortung sie damit übernehmen würde. Sie musste nun einen Weg finden, um Geld für Nahrung, Kleidung und alles, was ihre Schwestern sonst noch brauchten, aufzutreiben. Wenn sie jemals unsicher war, ob sie es schaffen würde, einen religiösen Orden ins Leben zu rufen und zu leiten, dann musste sie nur daran denken, was Pionierinnen wie Mary Ward und Mutter Dengel geschafft hatten.

Zu dieser Zeit schrieb Mutter Teresa einem Freund: »Wie sehr die Menschen hier leiden, wie sehr sie Gott brauchen! Und wir sind so wenige, um ihnen zu helfen. Wenn du sehen könntest, wie sich ihre Gesichter aufhellen, wenn sie die Schwestern sehen! Bete zur Muttergottes, damit sie uns mehr Nonnen schickt. Sogar wenn es zwanzig sein sollten, hätten wir hier in Kalkutta immer noch genügend Arbeit für uns alle.«[2]

Im August 1949 ging das Jahr ihrer Exklaustration zu Ende. Es lag nun an Erzbischof Perier, über ihre Zukunft und die ihrer Schwestern zu entscheiden.

EIN BRIEF NACH ROM

Trotz der guten Arbeit, die Schwester Teresa und ihre Gruppe junger Frauen leisteten, hatten sie von der katholischen Kirche noch immer keinen offiziellen Status verliehen bekommen. Sie waren nichts weiter als eine Gruppe engagier-

LET MY HANDS
HEAL THY
BROKEN BODY

Sie verfolgte stets unnachgiebig den Grundsatz, dass die Arbeit niemals wichtiger sein konnte als Jesus Christus.

ter katholischer Frauen. Um weiter wachsen zu können, war es unerlässlich, die Unterstützung und Rückendeckung der katholischen Kirche zu erhalten, und noch wichtiger, von den Bischöfen und Priestern akzeptiert zu werden, weshalb sie als religiöser Orden anerkannt werden mussten. Dieser Vorgang musste nach kanonischem Recht erfolgen, demzufolge ein Orden auf eine Verfassung, also auf einem Grundsatz basieren musste. Da Schwester Teresa keine Kenntnisse des kanonischen Rechts hatte, halfen ihr Pater Van Exem und Pater Julien Henry ein Dokument aufzusetzen, das von Rom abgesegnet werden konnte.

Der Grundsatz besagte: CUnsere besondere Mission ist es, Arbeit für die Errettung und die Heiligkeit der Armen zu leisten. Jesus wurde von seinem Vater entsandt und so entsandte er uns in seinem Geiste, um das Evangelium der Liebe und des Mitleids den Ärmsten der Armen auf der ganzen Welt kundzutun.« Und weiter:»Unsere spezielle Aufgabe wird sein, Jesus Christus zu allen Menschen zu bringen, vor allem zu jenen, die wir in unsere Obhut nehmen. Wir nennen uns Missionarinnen der Nächstenliebe.«[3]

Manche Gruppierungen, die sich um die Armen und Benachteiligten kümmern, tun es aus Menschlichkeit, doch Schwester Teresas Hauptziel war es, Jesus zu dienen, den sie in den Gesichtern der Leidenden versteckt sah.»Mich dürstet«, Jesu Worte, als er am Kreuz starb, wurden zu einer Art Motto des Ordens. Sie verfolgte stets unnachgiebig den Grundsatz, dass die Arbeit niemals wichtiger sein konnte als Jesus Christus. Um die Gründe zu erklären, warum sie diese Arbeit verrichtete, streckte sie ihre Hand aus, spreizte die Finger und den Daumen und sagte:»Das hast du mir getan«. Sie nahm damit Bezug auf Jesu Worte in den Evangelien, wo er sagte, dass Menschen, die sich um die Armen, Kranken und Verstoßenen kümmerten, sich gleichzeitig auch um ihn kümmern würden.

Erzbischof Perier schickte die Verfassung zur Unterzeichnung nach Rom und im Oktober 1950 bekam sie vom Vatikan die Erlaubnis, einen Diözesanorden mit dreijähriger Probezeit zu gründen, mit der Einschränkung, dass sie innerhalb der ersten zehn Jahre keine Niederlassung außerhalb der Erzdiözese Kalkutta gründen durfte. Schwester Teresa wurde zu Mutter Teresa und war nicht länger eine Außenseiterin.

Zum Rosenkranzfest feierte der Erzbischof die Messe in der Creek Lane und der Brief aus Rom, der die Gründung des Ordens bestätigte, wurde von einem hocherfreuten Pater Van Exem laut vorgetragen. Die Missionarinnen der Nächstenliebe umfassten mittlerweile sieben Schwestern, allesamt ehemalige Schülerinnen von St. Mary's. Sie begannen damit, Familien zu besuchen, verlassene Menschen von der Straße in Krankenhäuser zu bringen, Menschen mit Medikamenten zu versorgen und Sonntagsschulen zu organisieren.

Nachdem es in Indien Dutzende verschiedene Sprachen gab, machte Mutter Teresa Englisch zur Verfahrenssprache ihres Ordens. Darüber hinaus beschloss sie, dass ihre Schwestern zusätzlich zu den traditionellen Gelübden der Armut, Keuschheit und des Gehorsams auch noch ein viertes Gelübde ablegen sollten: das Gelübde der Nächstenliebe.

Mittlerweile trug jede Schwester einen einfachen weißen Sari mit blauen Streifen, einen langen weißen Schleier, ein an die Schulter geheftetes Kreuz und ein Paar Sandalen ohne Strümpfe. Ihr straffer Tagesplan ähnelte jenen vieler anderer religiöser Orden zu dieser Zeit. Sie standen um vier Uhr vierzig morgens auf, um nach Messe, Gebet, Frühstück und Hausarbeit auf die Straße hinauszugehen, um den Armen auf jede Art zu helfen, die ihnen möglich war, wobei sie den Rosenkranz beteten, während sie umhergingen. Um zwölf Uhr dreißig kehrten sie zum Mittagessen in das Kloster zurück, danach blieb Zeit für geistliche Lesungen, Meditation und Gebete in der Kapelle. Um vier Uhr dreißig gingen sie wieder auf die Straßen hinaus und um sieben Uhr dreißig kehrten sie zum Abendessen zurück. Nach einem Abendgebet in der Kapelle zogen sie sich in ihre Betten zurück. Um neun Uhr fünfundvierzig abends hieß es »Licht aus« und Magnum Silentium.

Mutter Teresa hingegen blieb oft bis spät in die Nacht wach, über ihren Tisch gebeugt, an dem sie Briefe schrieb und sich vermutlich die Zeit nahm, um über die Entwicklung des Ordens und im Speziellen über die Entwicklung jeder einzelnen Schwester nachzudenken und darüber, ob es nötig war, bestimmte Themen zur Sprache zu bringen. Der Orden bestand Tag für Tag fort und lebte von erbetteltem Geld und wohltätigen Spenden. Es gab Zeiten, in denen sie nicht genug Nahrung hatten, um über die Runden zu kommen, oder nicht genug Öl, um zu kochen.

Zeitungen und Magazine in Indien begannen, Artikel über diese seltsame, aber inspirierende europäische Nonne in Kalkutta zu veröffentlichen. Als Konsequenz boten ihr Menschen, darunter Krankenschwestern und Ärzte, an, ihr freiwillig zu helfen. Hinter der Fassade aus Vertrauen und Hingabe kämpfte Mutter Teresa jedoch gegen ihre Zweifel an Gott und ihrem Glauben. Nur ihr Beichtvater, Pater Van Exem, und Erzbischof Perier wussten davon. Am 18. März 1953 erzählte sie dem Erzbischof in einem Brief von der »furchtbaren Finsternis in mir« und erklärte, dass sie dieses Gefühl verspüre, seit sie die Loretoschwestern verlassen hatte. Sollte sie geglaubt haben, dass es verschwinden würde, dann hatte sie sich geirrt.

Mutter Teresa während des Gebets in der Mission des reinen Herzens in Kalkutta. Das Gebet stand im Mittelpunkt von Mutter Teresas Arbeit.

Das erste Haus für die Sterbenden wurde im Dakshine-shwar-Tempel in Kalighat eröffnet.

IN DER LOWER CIRCULAR ROAD

Im Zuge der Ausweitung des Ordens hatte Michael Gomes Mutter Teresa ein weiteres Stockwerk seines Hauses zur Verfügung gestellt, doch Ende 1952 wurde es unerträglich eng für ihre siebenundzwanzig Schwestern. Die Schwestern begannen dafür zu beten, dass Gott ein größeres Haus für sie finden würde. Pater Van Exem erfuhr, dass ein pensionierter Beamter, den er kannte, vorhatte, sein dreistöckiges Haus in der Lower Circular Road, in der Nähe der Creek Lane, zu verlassen, um nach Dhaka zu ziehen. Nachdem er den begeisterten Erzählungen des Paters über die Arbeit der Missionarinnen der Nächstenliebe zugehört hatte, erklärte sich der Beamte bereit, ihnen sein Haus zu verkaufen.

Im Februar 1953 verließen Mutter Teresa und ihre Schwestern die Creek Lane und das Haus in der Lower Circular Road wurde zum Mutterhaus des Ordens. Kurz darauf legten die ersten jungen Frauen, die sich Schwester Teresa in der Creek Lane angeschlossen hatten, als Schwester Agnes, Schwester Gertrude, Schwester Dorothy und Schwester Margaret Mary ihre ersten Gelübde ab und Mutter Teresa sprach ihr letztes Gelübde als Gründerin des Ordens.

Etwa zu dieser Zeit schrieb sie einen Brief an Jacqueline de Decker, die belgische Sozialarbeiterin, die sie in Patna kennengelernt hatte, und lud sie ein, ein geistliches Mitglied der Missionarinnen der Nächstenliebe zu werden und andere zu finden, die dasselbe taten. Sie bezeichnet Decker als ihr »zweites Ich« und wollte, dass jede der Schwestern ebenfalls ein »zweites Ich« besaß. Die junge Belgierin war von der Idee begeistert und gründete eine Gruppe, die später als »Gemeinschaft der kranken und leidenden Mitarbeiter« bekannt wurde.

DAS NIRMAL HRIDAY STERBEHAUS

Mutter Teresa hatte mittlerweile bereits zahlreiche kostenlose Schulen gegründet, doch sie hatte beschlossen, dass ihr erstes Großprojekt die Errichtung eines Hauses sein würde, in dem Menschen unterkamen, die auf der Straße im Sterben lagen. Sie konnte das Problem nicht beheben, doch zumindest konnte sie sich um jene kümmern, die verlassen worden waren, und ihnen Liebe schenken.

Als sie mit einem Stadtbeamten, der für das Gesundheitswesen zuständig war, darüber sprach, war er begeistert von der Idee und führte sie ans andere Ende der Stadt in den Bezirk Kalighat. Als sie an dem imposanten Gebäude des Kali-Tempels aus dem neunzehnten Jahrhundert ankamen, der am Ufer des Kanals lag, führte er sie hinein in ein verlassenes, in die Länge gezogenes, einstöckiges, weiß getünchtes Gebäude, in dem sich früher die Pilger ausgeruht hatten, nachdem sie zu Kali, der Göttin des Todes und der Fruchtbarkeit, gebetet hatten. Mutter Teresa sah sich um, beschloss, dass das Gebäude perfekt war, und nannte es *Nirmal Hriday* (bengalisch für »reines Herz«), *Haus für die sterbenden Notleidenden.*

Sie und ihre Schwestern begannen, auf die Straßen zu gehen, um die Sterbenden aufzulesen, die sie manchmal in einer Schubkarre zurückbrachten. Mutter Teresa bestand darauf, dass jeder zunächst zum nahe gelegensten Krankenhaus gebracht werden musste. Erst wenn die jeweilige Person vom Krankenhaus abgewiesen wurde, konnte sie im Sterbehaus aufgenommen werden. Die Zustände in Nirmal Hriday waren primitiv, doch zumindest konnten die Menschen dort in einer umsorgten und mitleidsvollen Atmosphäre sterben.

Mutter Teresa legte Wert darauf, nicht als Sozialarbeiterin gesehen zu werden, und sagte über diejenigen, die nach Nirmal Hriday gebracht wurden:»Wir helfen ihnen, mit Gott an ihrer Seite zu sterben. Wir helfen ihnen, sich bei Gott zu entschuldigen, Frieden zu machen mit Gott, nach den Grundsätzen ihres Glaubens.«[4]

Die Vorstellung, dass Christen ein Gebäude neben einem der heiligsten hinduistischen Gotteshäuser belegten, erregte den Ärger einiger Menschen, die der Meinung waren, dass diese in Wahrheit bloß darauf aus waren, Hindus zum Christentum zu bekehren. Die Situation eskalierte. Es wurden Steine auf die Schwestern geworfen und Mutter Teresa erhielt sogar eine Morddrohung. Ein Mitglied des Stadtrates verlangte, dass die Schwestern Kali verlassen und an einen anderen Ort ziehen sollten.

Als ein Polizeibeauftragter das Sterbehaus besuchte, berichtete er all jenen, die sich dagegen aufgelehnt hatten, dem Vernehmen nach Folgendes:»Ich habe euch gesagt, dass ich diese ausländische Frau vertreiben werde, und das werde ich auch, doch zuerst müsst ihr eure Mütter und Schwestern dazu bringen, das zu tun, was sie tut.«[5]

Eines Abends bemerkte Mutter Teresa, dass sich vor dem Tempel eine Menschenmenge versammelt hatte. Sie ging hinaus und sah, dass inmitten der Menge ein Mann auf der Straße lag. Da befürchtet wurde, dass er unter Cholera litt, traute sich niemand, ihn anzufassen. Mutter Teresa und ihre Schwestern ignorierten die Warnungen der Menge, hoben den Mann hoch und trugen ihn ins Haus. Es stellte sich heraus, dass der Mann ein Priester des Kali-Tempels war.

Die Pflege, die die Schwestern dem Mann zuteilwerden ließen, der kurz darauf starb, scheint den Gerüchten, dass die Schwestern heimlich Hindus zum Christentum bekehrten, ein Ende gesetzt zu haben. Als jemand Mutter Teresa gegenüber erwähnte, dass sie sich glücklich schätzen könne, nicht erschlagen oder erschossen worden zu sein, antwortete sie, dass sie bereit sei, für Gott zu sterben.

In ihrem Buch *Visionen der Straße (Such a Vision of the Street)* erzählt Eileen Egan, eine humanitäre Hilfsarbeiterin aus den Vereinigten Staaten, die Mutter Teresa Mitte der 1950er-Jahre in Kalkutta getroffen hatte, wie sie diese zu einem Besuch im Sealdah-Bahnhof begleitete:»In Sealdah bahnten wir uns den Weg durch die herumliegenden Körper und Habseligkeiten der Flüchtlinge, verfehlten einmal nur knapp die Hand eines schlafenden Kindes und ein anderes Mal kaum die Besitztümer einer alten Frau, die hinter ihren Jutesäcken hockte und uns aus blinden Augen heraus anstarrte. Unter den Massen an braunen Körpern waren Männer, deren Oberkörper Vogelkäfigen glichen und die bloß einen Dhoti um ihre Lenden gewickelt hatten, und Frauen in groben Baumwollsaris, die jenem von Mutter Teresa ähnelten, bloß, dass diese braun vor Schmutz waren.«[6]

Mutter Teresa beschrieb diejenigen, die Hilfe suchend zu ihr kamen, einmal einem Priester:»Es ist Christus, den du pflegst, wenn du die Armen pflegst. Es sind seine Wunden, die du badest, es sind seine Entzündungen, die du reinigst, seine Glieder, die du verbindest. Blicke hinter den äußeren Schein, höre die Worte, die Jesus vor langer Zeit verlautet hat; sie haben heute noch Gültigkeit: ›Was du dem Geringsten meiner Brüder getan hast, das hast du mir getan.‹«[7]

Doch trotz der Arbeit, die sie verrichtete und der vollkommenen Überzeugung, mit der sie gegenüber anderen von Gott sprach, hatte sie nach wie vor Angst vor dem Gefühl, das sie als»tiefe Dunkelheit und Trostlosigkeit« und als »tiefe Einsamkeit« beschrieb.

Inzwischen kam eine immer größer werdende Zahl an Freiwilligen, um zu helfen, darunter auch einige reiche Damen aus Kalkuttas höherer Gesellschaft. Mutter Teresa forderte nicht nur das Gewissen der Menschen heraus, sondern auch das hinduistische Kastensystem, in dem manche Menschen als wertvoller als andere betrachtet wurden.

Eine Frau, die sie besonders beeindruckt hatte, war die Engländerin Ann Blaikie, die Ehefrau eines Rechtsanwalts, der für den Zigarettenhersteller British American Tobacco arbeitete. Ann war Mitglied in einer Gruppe britischer Auswanderer und arbeitete zum Zeitvertreib freiwillig in einem Geschäft, das Handwerksgegenstände und Kleider für wohltätige Zwecke verkaufte. Nachdem sie 1954 einen Artikel über Mutter Teresa gelesen hatte, besuchte sie diese in einer von ihr geführten Klinik für Mütter und Kinder und bot an, Spielzeug für eine Weihnachtsfeier zu spenden. Mutter Teresa erklärte ihr, dass sie stattdessen dringender Kleider für die Kinder benötigen würde. Blaikie tat, wie

ihr geheißen. Daraufhin fragte Mutter Teresa sie, ob sie auch Kleider für die hinduistischen Kinder zur Verfügung stellen könnte, die an ihrer Diwali-Feier teilnehmen würden, und auch für die muslimischen Kinder, die die Ramadan-Feier besuchen würden. Blaikie trommelte eine Gruppe gut situierter Damen zusammen, die die Arbeit der Missionarinnen der Nächstenliebe unterstützten. Diese Gruppe stellte den Beginn des Mitarbeitersytems dar.

DAS SHISHU BHAVAN KINDERHEIM

Mutter Teresa begann nun, sich nach einem Gebäude umzusehen, in dem sie sich um Waisen und andere unerwünschte Kinder kümmern konnte. Damit reagierte sie auf die Forderung, die Papst Pius XII. 1946 in seiner Enzyklika Quemadmodum (»Über die Sorge von den Not leidenden Kindern der Welt«) gestellt hatte.

1955 fand sie schließlich ein zweistöckiges Haus mit einem Innenhof in der Circular Road, ganz in der Nähe des Mutterhauses, und nannte es Shishu Bhavan. Schon bald brachten Polizeibeamte, Sozialarbeiter und andere verlassene, kranke und obdachlose Babys und Kinder zu den Schwestern, damit sich diese um sie kümmern konnten. Manche der Kinder wurden von indischen Familien adoptiert, andere von Familien in Europa, Kanada und den Vereinigten Staaten. Für Mutter Teresa war die Adoption eine der Waffen im Kampf gegen die Abtreibung.

Wieder kamen immer mehr Freiwillige, um zu helfen, darunter Aruna Paul, eine ehemalige Loretoschülerin, die mit dem Geschäftsmann Swarsat Paul, spä-

ter Lord Paul, verheiratet war. Diese nützte ihre Beziehungen zur Textilbranche, um die Schwestern mit neuen Saris auszustatten. Einer von Mutter Teresas einflussreichsten Förderern zu dieser Zeit war Dr. B. C. Roy, Ministerpräsident von Westbengalen und auch Mediziner, der unter anderem Gandhi, den indischen Premierminister Jawaharlal Nehru und den König von Nepal zu seinen Patienten zählte. Als er sie fragte, ob sie sich der vier von der Regierung geführten Landstreicherunterkünften in Kalkutta annehmen würde, erklärte sie ihm, dass sie nicht genug Schwestern hätte, um diese Arbeit durchzuführen. Das mag der Wahrheit entsprochen haben. Auf der anderen Seite könnte sie auch aufgrund der Bürokratie, die sie zu bewältigen gehabt hätte, wenn sie die Häuser übernommen hätte, abgelehnt haben, also aus demselben Grund, aus dem sie die Förderungen für die Kinder zurückgewiesen hatte.

Ihre kleine Gruppe von Schwestern wurde bald von den Bedürfnissen der Armen überwältigt. Mutter Teresa sagte einmal:»Bei der Auswahl der Arbeit des Apostolats spielten weder Planung noch vorgefasste Ideen eine Rolle. Wir begannen unsere Arbeit, als es Bedarf und Möglichkeiten dafür gab. Gott zeigte uns, was er von uns wollte.«[8]

DIE ABWESENHEIT GOTTES

Trotz ihrer unermüdlichen Arbeit für die Armen und Kranken und den Stunden, die sie jeden Tag mit Gebeten verbrachte, spürte Mutter Teresa die Anwesenheit Gottes nur wenig in ihrem Leben. Die Sicherheit und die Freude, die sie nach dem Moment der Erleuchtung im Zug nach Darjeeling verspürt hatte, hatten sie längst verlassen. Sie erkannte nicht, dass das durchaus nicht ungewöhnlich war, wie die Bibel zeigt. Tatsächlich erlebte sie die gleiche Art von Leere, wie sie in manchen Psalmen und im Buch Hiob beschrieben wird. Als Jesus dem Vater eines epilepsiekranken Kindes erklärte, dass jemand, der glaubt, alles kann, erwiderte dieser:»Ich glaube; hilf meinem Unglauben!«Und Jesus selbst litt unter dem Schmerz, Gottes Abwesenheit zu fühlen, sowohl im Garten Gethsemane als auch am Kreuz.

Im Februar 1956 berichtete sie Erzbischof Perier in einem Brief von»dieser schrecklichen Leere, dem Gefühl der Abwesenheit Gottes«. Er antwortete ihr, indem er sie darauf hinwies, dass diese Abwesenheit Gottes in einem mystischen Leben häufig vorkam. Es war Gottes Weg, sie zu einem tieferen Vertrauen in ihn statt in weltliche Dinge hinzuführen. Doch das tröstete sie nicht. Kurz darauf begleitete sie ihre Schwestern auf eine von Pater Lawrence Picachy, dem Rektor des städtischen Jesuiten-Kollegs St. Xavier, geleitete Rüstzeit. Sie entschied sich, auch ihm von der spirituellen Dunkelheit zu berichten, die sie durchlebte, und er wurde schließlich zu ihrem neuen Beichtvater.

Sie schrieb weiterhin Briefe an Erzbischof Perier. Im folgenden Jahr erzählte sie ihm, dass sie sich zwar sehr nach Gott sehnte, sich aber dennoch unerwünscht fühlte, dass sie keinen Glauben, keine Liebe, keine Hingabe verspüre und dass ihr der Himmel nichts bedeutete. Sie hatte beschlossen, ihre Last hinter einem Lächeln zu verstecken und ihre natürliche Fröhlichkeit aufrechtzuerhalten.

Nachdem sie die oberste Instanz des Ordens war, konnte sie ihren Schwestern auf keinen Fall zeigen, was sie durchmachte. Stattdessen erledigte sie ihre Arbeit weiterhin auf ihre gewohnt fröhliche Art und Weise.

LEPRA

Eine der häufigsten Krankheiten in Kalkutta war Lepra. In der Stadt litten geschätzte 30.000 Menschen an Lepra, viele von ihnen lebten in den Armenvierteln. Die furchtbare Krankheit versetzte viele in Angst und Schrecken, was dazu führte, dass Leprakranke gemieden wurden.

Für Mutter Teresa hatte Lepra eine besondere Bedeutung, die andere Krankheiten nicht hatten. In den Evangelien finden sich viele Erzählungen darüber, wie Jesus Leprakranke heilt. Vielleicht beeinflusste sie auch die Geschichte des Paters Damian de Veuster, einem belgischen Missionar, der im 19. Jahrhundert auf Hawaii mit Leprakranken arbeitete.

Ein Vorfall, bei dem fünf Leprakranke aus ihren Wohnungen geworfen wurden und Mutter Teresa um Hilfe baten, mag der Auslöser für ihre Mission, den Leprakranken zu helfen, gewesen sein. Dieser Vorfall und die Tatsache, dass das einzige auf Leprakranke spezialisierte Krankenhaus der Stadt trotz einer von ihr organisierten Gegenkampagne geschlossen worden war, ließen sie schlagartig aktiv werden.

Sie äußerte sich einmal über Leprakranke:»Sie leben von der Bettelei, da sie niemand einstellen möchte. Am Sonntag kommen sie nach Kalkutta und betteln rund um die christlichen Kirchen. Am Freitag sind sie bei den muslimischen Moscheen. Natürlich gehen sie auch zu den Hindu-Tempeln. Doch sie bleiben nie lange an diesen Orten. Wenn die Bettelei nicht gut läuft, ziehen sie sich wieder in ihre zahlreichen Enklaven in den Slums zurück.«[9]

1957 spendete das katholische Sozialwerk der Vereinigten Staaten einen Lieferwagen, der zu einer mobilen Apotheke umfunktioniert wurde, und Mutter Teresa gründete ihre erste mobile Klinik. Ein Arzt, den sie kannte, erklärte sich bereit, den Wagen zu fahren und die mobile Apotheke brachte Medikamente, Nahrungsmittel und Milchpulver in die Bezirke Howrah, Tilajala, Dhappa und Moti Jihil.

Ann Blaikie und ihr Team erklärten sich bereit, Spendengelder für ihre Arbeit mit den Leprakranken zu sammeln. Kleine Gruppen von Frauen trafen sich, um Wundverbände zusammenzurollen oder Papiertütchen für die Lepramedikamente zu falten, während andere mit Büchsen mit dem Spruch»Berühren Sie die Leprakranken mit Ihrer Güte«durch die Straßen gingen.

Ein Lichtstrahl durchdrang schließlich 1958 die spirituelle Dunkelheit, un-

Schwer kranke und
todkranke Patienten
liegen in den Betten
des Nirmal Hriday.

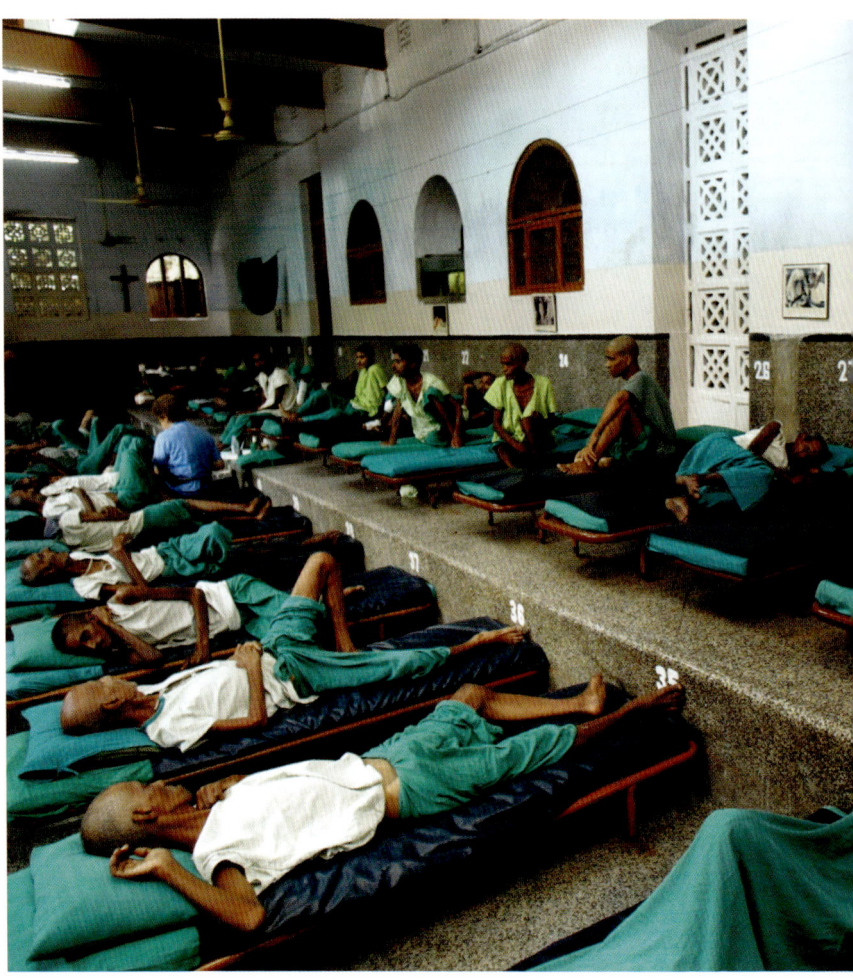

ter der Mutter Teresa litt, als sie der Totenmesse für Papst Pius XII. in der Kathedrale *Our Lady of the Rosary* beiwohnte. »Heute ist meine Seele voller Liebe, voller unermesslicher Freude«, schrieb sie. Es stellte sich bloß als kurze Atempause heraus.

Im Juli 1959 beschrieb sie ihre unerträgliche spirituelle Leere ausführlich in einem Brief an Pater Picachy: »Die Dunkelheit ist so dunkel – und ich bin alleine – ungewollt, im Stich gelassen. – Die Einsamkeit des Herzens, das lieben möchte, ist unerträglich. – Wo ist mein Glaube? – Sogar tief im Inneren, direkt im Innersten ist nichts außer Leere & Dunkelheit – Mein Gott – wie schmerzlich doch der unbekannte Schmerz ist. Er schmerzt ohne Ende. – Ich habe keinen Glauben – ich wage es nicht, die Worte & Gedanken auszusprechen, die sich in meinem Herzen drängen ... So viele unbeantwortete Fragen leben in mir – ich habe Angst davor, sie zu enthüllen – es wäre Blasphemie. – Wenn es einen Gott gibt – bitte vergib mir ... Liebe – das Wort – es gibt mir nichts. – Mir wird gesagt, dass Gott mich liebe – und trotzdem sind die Dunkelheit und die Kälte und die Leere so real, dass nichts meine Seele berührt.«[10]

Doch trotz dieser Gefühle und Fragen war ihr Vertrauen in Gott unerschütterlich und sie versprach, all das zu akzeptieren. Sie würde ihr heimliches Gelübde, Jesus niemals etwas zu verweigern, das sie 1942 abgelegt hatte, nicht widerrufen.

Mutter Teresa plante bereits, weitere Niederlassungen in Indien zu eröffnen. Theoretisch mussten die Missionarinnen der Nächstenliebe als Diözesanorden zehn Jahre lang warten, bevor sie das tun konnten. Die in Kalkutta beheimatete Zeitung *The Statesman* hatte jedoch in einigen Artikeln über sie berichtet und zahlreiche Bischöfe hatten sie daraufhin eingeladen, zu ihnen zu kommen und in ihren Diözesen zu arbeiten. 1959 eröffnete eine Gruppe der Missionarinnen der Nächstenliebe eine Niederlassung in der Stadt Ranchi, im Nordwesten Kalkuttas. Bald darauf folgten Niederlassungen in Delhi, Jhansi und Agra. Nach nur zehn Jahren war Mutter Teresas Orden auf fünfundachtzig Schwestern angewachsen. Es waren kostenlose Schulen, Krankenhäuser für Leprakranke und Mütter mit ihren Kindern, ein Sterbehaus und ein Kinderheim gegründet worden. Zusätzlich versorgten die Schwestern ganze Schlangen von Männern und Frauen, die vor dem Mutterhaus oder anderen Niederlassungen auftauchten, mit Nahrung und Kleidung. Und nun weitete sie ihre Aktivitäten von Kalkutta auf andere Teile Indiens aus. Es war eine bemerkenswerte Errungenschaft, vor allem, wenn man bedenkt, dass sie zu Beginn ohne Geld und Hilfe auf sich alleine gestellt gewesen war und dass sie den Widerstand ihrer eigenen Loretoschwestern und jenen, die geglaubt hatten, sie wolle Hindus zum Christentum bekehren, überwinden hatte müssen.

Es ist sogar noch bemerkenswerter, dass sie all dies erreichte, während sie selbst nicht fähig war, die Anwesenheit Gottes in ihrem Leben zu spüren.

Die Bekanntheit, die sie während dieser ersten zehn Jahre erlangte, erstreckte sich über Indien hinaus bis in andere Länder, darunter Deutschland und die Vereinigten Staaten. Und die Katholiken im reichsten Land der Welt gaben sich nicht damit zufrieden, von ihr zu lesen – sie wollten sie kennenlernen.

Kapitel 4

EINE NONNE, EINE MISSION

Mutter Teresa kam im Oktober 1960 nach Las Vegas, zur selben Zeit, als Frank Sinatra gerade im Sands Hotel auftrat. Wahrscheinlich war ihr der amerikanische Superstar genauso fremd wie die zahllosen pompösen Casinos und Nachtclubs entlang des Strips. Es muss ein unvorstellbarer Kulturschock gewesen sein. Der Schriftsteller Chuck Palahniuk hatte einmal über die Stadt gesagt: »Las Vegas sieht so aus, wie man sich den Himmel bei Nacht vorstellt.«[1] Mutter Teresa hatte eine andere Vorstellung vom Himmel.

Es war ihre erste Reise nach Übersee, seit sie 1928 in das religiöse Leben eingetreten war, und ihr erster Besuch in Amerika. Er war vom katholischen Sozialwerk organisiert worden, das die Geldmittel für ihre mobile Apotheke zur Verfügung gestellt hatte. Sie war eingeladen worden, eine Rede vor der Nationalen Versammlung Katholischer Frauen zu halten, deren Programm *Friedenswerke (The Works of Peace)* Geld für weltweite Projekte zur Förderung der Gesundheit und Entwicklung der Frauen zur Verfügung stellte.

Da sie noch nie zuvor vor einem Publikum gesprochen hatte, hatte sie die Einladung zunächst ausgeschlagen und Eileen Egan als Ersatz vorgeschlagen, da diese seit ihrem ersten Treffen Mitte der 1950er-Jahre mit ihrer Arbeit sehr vertraut war. Erzbischof Perier meinte jedoch, dass sie selbst fahren sollte. Er muss erkannt haben, welch mächtige Zeugin des Glaubens sie sein würde.

Mutter Teresa wusste kaum etwas über die westliche Gesellschaft. Damit die Aufmerksamkeit ihrer Schwestern auf Gott und ihre Mission, den Armen zu helfen, konzentriert blieb, waren in ihren Niederlassungen keine Radios, Fernseher oder Zeitungen erlaubt. Während der sechs Wochen, die sie 1928 in Dublin verbracht hatte, schien sie nie in die Welt hinter den Klostermauern hinausgegangen zu sein.

Nachdem sie von den Organisatoren, unter ihnen auch der Erzbischof von Boston, Richard Cushing (der ihr den Spitznamen »Mahatma Gandhi« gab), begrüßt worden und auf das Podium hinausgetreten war, muss sie sich wohl gefragt haben, wie sie eine Verbindung zwischen den verwahrlosten Leben der Menschen, mit denen sie in den Slums von Kalkutta arbeitete, und jenen 3.000 elegant gekleideten Katholikinnen, die vor ihr saßen, herstellen sollte. So legte sie zunächst ihre Handflächen aufeinander und beugte den Kopf, während sie erklärte, dass dies in Indien die traditionelle Art war, jemanden zu begrüßen.

Dann tat sie das Einzige, das sie konnte: Sie erzählte dem Publikum aus tiefstem Herzen, wie sie und ihre 119 Schwestern, die bis auf drei Frauen alle aus Indien stammten, versuchten, die Liebe Jesu zu den Armen, den Ausgestoßenen und den Sterbenden zu tragen. Sie mag vielleicht nicht die Fähigkeiten einer Rednerin besessen haben, die es gewohnt ist, vor Publikum zu sprechen, doch das spielte wohl keine Rolle, wenn man den Applaus in Betracht zieht, der in dem Saal aufbrandete, nachdem sie ihre Rede beendet hatte.

Nach ihrer Rede nahm sie in einer Sitzgruppe in der Halle Platz und beantwortete Fragen über sich selbst und ihre Arbeit in Kalkutta, die ihr die Dutzenden Frauen, die sich um sie herumdrängten, stellten. Einige von ihnen steckten ihr Geld in die Leinentasche, die sie überallhin mitnahm.

Doch obwohl sie von Gottes Liebe sprach und wie man Gott in den Armen finden konnte, kämpfte sie noch immer gegen die Zweifel an ihrem eigenen Glauben an. Nur ein paar Tage bevor sie in die Vereinigten Staaten geflogen war, hatte sie Pater Picachy in einem Brief von ihrer Sehnsucht nach Gott und den damit einhergehenden Gefühlen der Finsternis, der Einsamkeit und des Alleinseins erzählt:»Der Himmel ist von allen Seiten her verschlossen.«[2] War Gott real? Glaubte sie an ihn? Was war der Zweck ihrer Arbeit? Diese und viele andere Fragen schwirrten ihr ständig im Kopf herum.

Nach Las Vegas hielt sie eine Rede in der bis oben hin gefüllten Highschool von Henry, einer kleinen, landwirtschaftlichen Stadt in Illinois. Sie war dorthin gereist, da die örtliche Gemeinde ihr Geld für ihre Krankenhäuser für Mütter und ihre Kinder geschickt hatte. Danach besuchte sie Chicago und Washington D. C., wo sie Kardinal Patrick O'Boyle traf, bevor sie nach New York weiterreiste.

Durch Zufall übernachtete sie in demselben Ordenshaus wie Mutter Anna Dengel, von der sie in Patna ihre medizinischen Grundkenntnisse erworben hatte. Die beiden unterhielten sich und Mutter Dengel erzählte ihr, dass sich ihr Orden mittlerweile auf Pakistan, Afrika und Lateinamerika ausgedehnt hatte, und dass sie in New Mexico ein Zentrum zur Ausbildung von Hebammen eröffnet hatte.

In New York traf Mutter Teresa auch noch eine weitere bemerkenswerte Frau, nämlich die Journalistin und Aktivistin Dorothy Day. Day war 1927 im Alter von dreißig Jahren zum Katholizismus übergetreten, nachdem sie dem Sozialismus und dem künstlerischen Leben im Greenwich Village den Rücken gekehrt hatte. Ihr früherer Lebensstil hatte zu einer Abtreibung geführt, die sie durchführen ließ, weil sie nicht wollte, dass sie ihr Liebhaber verließ, eine Entscheidung, die sie für den Rest ihres Lebens bereuen sollte. Sie rief die Zeitung *Catholic Worker (Katholischer Arbeiter)* ins Leben und gründete eine Reihe von Armenhäusern in ganz Amerika.

Day nahm Mutter Teresa mit auf einen Rundgang durch New Yorks Lower East Side, einer für ihre billigen Hotels bekannten Gegend, und gab ihr so einen ersten wirklichen Einblick in die Schattenseiten der westlichen Gesellschaft. Mutter Teresa war schockiert von dem Anblick der zahllosen ungepflegten Männer, die auf den Bürgersteigen herumlagen.

Bevor sie nach Kalkutta zurückkehrte, legte sie einen Zwischenstopp in London ein, wo sie einen Vertreter der Organisation Oxfam traf, der ihr versprach, ihr über ein britisches Pharmaunternehmen Lepramedikamente zu schicken. Danach flog sie nach Westdeutschland, um das Bischöfliche Hilfswerk Misereor zu besuchen, eine katholische Hilfsorganisation, die ihr in ihrem Magazin einen Artikel gewidmet hatte. Der Direktor erklärte sich bereit, die Finanzierung des Neubaus eines Sterbehauses in Delhi zu übernehmen, solange sie ihm detaillierte Rechnungsberichte zukommen lassen würde. Sie entgegnete, dass ihre Schwestern keine Zeit für so etwas hätten, doch sie versicherte ihm, dass alles

Geld, das sie bekommen würde, in das Haus fließen würde. Man einigte sich darauf, dass Misereor die geschätzten Baukosten zur Verfügung stellen würde und seine Buchhalter einen Finanzbericht erstellen sollten.

Während ihres Aufenthaltes in Deutschland besuchte sie auch das Konzentrationslager Dachau, wo sie schweigend herumging und dabei ständig ihren Rosenkranz betete. Als sie das Lager verließ, war alles, was sie sagen konnte: »Bloß daran zu denken, dass Menschen anderen Menschen so etwas antun können.«[3]

Nach einem kurzen Zwischenstopp in Genf, wo sie eine Rede vor den Vertretern verschiedener internationaler katholischer Organisationen hielt, kam sie nach Rom, wo sie sich mit Kardinal Agagianian und Erzbischof Pietro Sigismondi von der Kongregation für die Evangelisierung der Völker traf, um diese zu bitten, die Missionarinnen der Nächstenliebe zu einem Institut päpstlichen Rechts zu ernennen. Dies würde die Missionarinnen der Nächstenliebe der Obrigkeit der örtlichen Bischöfe entziehen und es ihnen ermöglichen, sich nach Übersee auszubreiten, worauf Mutter Teresa schon ungeduldig wartete, vor allem jetzt, da Mutter Dengel ihr von der Expansion der Missionsärztlichen Schwestern berichtet hatte. Sie legte ihnen ein kurzes Dokument vor und beantwortete ihre Frage zu ihrer Arbeit und der Finanzierung.

Als die Missionarinnen der Nächstenliebe im folgenden Jahr zu ihrem ersten Ordenskapitel zusammentrafen, wurde Mutter Teresa kaum überraschend zur Generaloberin gewählt.

Sie sorgte sowohl in Indien wie auch im Ausland für Gesprächsstoff und 1962 erhielt sie zwei renommierte Preise. Die indische Regierung verlieh ihr den *Padmashree Preis* für ihren Beitrag zur sozialen Arbeit (sie legte die Medaille um die Statue der Jungfrau Maria in Nirmal Hriday) und in Manila auf den Philippinen erhielt sie im Zuge einer Zeremonie den *Ramon Magsaysay Preis* für internationale Verständigung.

In den 1960er-Jahren
nahm Mutter Teresa
viele Einladungen
zu Reisen außerhalb
Indiens an und sprach
über ihre Arbeit in
Kalkutta.

»Zum ersten Mal in
diesen elf Jahren –
habe ich gelernt,
die Dunkelheit zu
lieben.«

DUNKELHEIT

Doch weder das Lob, mit dem sie in den Vereinigten Staaten überhäuft worden war, noch diese Auszeichnungen schafften es, die spirituelle Leere zu vertreiben, die sie nach wie vor spürte. Sie beschloss, ihre spirituellen Kämpfe einem weiteren Jesuiten zu beichten, nämlich Pater Joseph Neuner, einem österreichischen Theologen, der am Morning Star College in Kalkutta unterrichtete. Sie schrieb ihm:»Der Platz Gottes in meiner Seele ist leer. – In mir gibt es kei-nen Gott. – Wenn der Schmerz und die Sehnsucht so groß ist – sehne und sehne ich mich einfach nur nach Gott – und dann fühle ich – Er will mich nicht – Er ist nicht da.«[4]

Wieder endete ihr Brief mit der Beteuerung vollkommenen Vertrauens – andere bezeichnen es lieber als blinden Glauben –, und sie betonte, dass sie sich selbst als unbedeutend in Gottes höherem Plan betrachten würde, und schrieb:»Ich bin vollkommen glücklich damit – Gottes Blume auf einer Wiese zu sein«.[5] Mit diesem Satz nahm sie Bezug auf die hl. Thérèse von Lisieux, die allgemein als die»Kleine Blume« bekannt war.

Pater Neuner antwortete, indem er ihr versicherte, dass ihr Unvermögen, Gottes Anwesenheit zu spüren, nicht ihre Schuld war. Ihre Seele würde lediglich gerade eine finstere Nacht durchleben. Die hl. Thérèse von Lisieux hatte ähnliche Gefühle durchlebt und mitten in ihrem Zweifel gesagt:»Ich entscheide mich zu glauben.« Er versicherte Mutter Teresa, dass ihre Sehnsucht nach Gott ein Beweis dafür war, dass Gott in der Dunkelheit anwesend war.

Obwohl ihr Erzbischof Perier in etwa dasselbe geraten hatte, war es Pater Neuner, der Mutter Teresa jenen Trost zusprach, nach dem sie gesucht hatte. Sie antwortete:»Zum ersten Mal in diesen elf Jahren – habe ich gelernt, die Dunkelheit zu lieben.«[6] Sie hatte nun erkannt, dass sie den Schmerz und die Dunkelheit teilte, die auch Jesus selbst erfahren hatte. Später sagte sie:»Wenn ich jemals eine Heilige werden sollte – dann sicher eine der Dunkelheit.«[7]

DIE MISSIONSBRÜDER DER NÄCHSTENLIEBE

Die Missionarinnen der Nächstenliebe umfassten mittlerweile beinahe 200 Schwestern, doch Mutter Teresa hatte beschlossen, dass ein Bruderorden notwendig war, um sie zu unterstützen, da sie der Meinung war, dass Männer für gewisse Bereiche der Arbeit geeigneter waren als Frauen. Zunächst schlossen sich ihr drei junge bengalische Männer an, die in das Shishu Bhavan Kinderheim einzogen. Die Idee dahinter war, dass sie dasselbe Leben wie die Schwestern führen und mit den Armen arbeiten sollten.

Obwohl viele Mönchsorden – die Franziskaner, Dominikaner, Karmeliter und Benediktiner – weibliche Schwesterorden hervorgebracht hatten, kam es nicht häufig vor, dass aus einem Nonnenorden ein männlicher Bruderorden hervorging. Mutter Teresa war sich bewusst, dass es Rom nicht erlaubte, dass eine Frau einem Mönchsorden vorstand.

Aus diesem Grund brauchte sie einen Priester mit der richtigen Vision, Energie und Heiligkeit, um die Brüder anzuführen. Die Lösung ihres Problems erschien in Form eines großen, dreißig Jahre alten, australischen Jesuiten mit Bart: Pater Ian Travers-Ball. Pater Ian – ein früherer Versicherungsvertreter, der seine Spielsucht überwunden hatte – hatte 1962 Mutter Teresas Rede vor einer Gruppe Seminaristen in Pune gehört und kurz darauf als Teil seiner Ausbildung einen Monat lang bei den Missionarinnen der Nächstenliebe gearbeitet. Durch diese Erfahrung fand er sein Verlangen, mit den Armen zu arbeiten, bestätigt.

Pater Pedro Arrupe, zu dieser Zeit Oberhaupt der Jesuiten, erlaubte ihm, den Orden für drei Jahre zu verlassen; nach dieser Zeit konnte er entweder seine Mitgliedschaft bei den Missionsbrüdern um weitere drei Jahre verlängern oder zu den Jesuiten zurückkehren.

1966 verließ Pater Ian die Jesuiten und übernahm die Leitung der Missionsbrüder. Er bewies, dass Mutter Teresas Wahl hervorragend gewesen war. Zu

Beginn unterstützten die Missionsbrüder lediglich die Arbeit der Schwestern. Im Sterbehaus kümmerten sie sich um die Männer, während die Schwestern sich um die Frauen kümmerten. Wenn die Schwestern Jungen und Männern begegneten, die Hilfe benötigten, schickten sie sie zu den Brüdern. Nachdem diese körperlich stärker waren, waren sie unbezahlbar, wenn es darum ging, Patienten oder schwere Lasten zu heben.

Doch obwohl Mutter Teresa und Pater Ian dieselbe Vision hatten, nämlich Jesus zu dienen, indem sie sich um die Ärmsten der Armen kümmerten, waren sie nicht immer einer Meinung. Infolge des Zweiten Vatikanischen Konzils, das vom Nachfolger von Papst Pius XII., Papst Johannes XXIII., einberufen wurde, gab es weitreichende Veränderungen im Bereich des religiösen Lebens, um es der modernen Welt anzupassen. Viele religiöse Orden legten ihre traditionelle Tracht ab und verließen ihre Klöster und Prioreien, um in kleineren Häusern zu leben. Pater Ian konnte sich diesen neuen Denkansätzen möglicherweise besser anpassen als Mutter Teresa. Er verfasste Beiträge für zahlreiche theologische Zeitschriften, darunter *The Month*, *America* und *Review for Religious*. Darüber hinaus schrieb er auch für das katholische Recherchezentrum in Pune und gründete ein Magazin, das monatlich erschien.

Eine scheinbar harmlose Meinungsverschiedenheit bezüglich der Schlafordnung entzweite Mutter Teresa und Pater Ian. Einige der Brüder waren aus den Schlafsälen des Shishu Bhavan auf die Terrasse übergesiedelt. Als Mutter Teresa davon hörte, wies sie Pater Ian darauf hin, dass die Brüder in den Schlafsälen schlafen müssten. Er erklärte ihr, dass es nicht ihre Aufgabe war, ihnen zu sagen, wo sie zu schlafen hatten. Kurze Zeit später gab es eine weitere Meinungsverschiedenheit, weil Pater Ian einige der Eisenbetten durch zusammenrollbare Matten ersetzt hatte, um in dem mittlerweile überfüllten Haus mehr Platz zu schaffen. Sie erklärte ihm, dass es der Gesundheit der Brüder nicht förderlich war, wenn diese auf dem feuchten Boden schliefen. Er stimmte ihr nicht zu, da er eine flexiblere Einstellung zum religiösen Leben hatte als sie. Er war entschlossen, den Orden nach seinen Vorstellungen zu führen, und war überzeugt, dass es sich dabei nicht bloß um eine Erweiterung der Schwestern handelte, sondern um eine eigenständige Gemeinschaft.

Später schrieb Pater Ian: »Ich muss sagen, dass sie mir vollkommene Freiheit gegeben hat, selbst wenn sie nicht meiner Meinung war. Doch es muss gesagt werden, dass sie verärgert und pikiert sein konnte – und es auch zeigte. In solchen Fällen hätte ich nachgeben können und sie wäre glücklich gewesen, sich durchgesetzt zu haben. Wenn ich nicht nachgab, akzeptierte sie es – am Ende war sie immer gnädig, wie ich hinzufügen muss. Sie war auf wundervolle Weise nie beleidigt.«[8]

Da sie mehr Platz benötigten, zogen die Brüder von Shishu Bhavan in eine gemietete Unterkunft, bevor sie schließlich in ein Gebäude am Hafen zogen, das ihnen gehörte. Pater Ian überarbeitete außerdem die Verfassung des Ordens, da er der Meinung war, dass das von Mutter Teresa erdachte Original nicht länger adäquat war. 1967 wurden sie vom Vatikan als Diözesanorden anerkannt und Pater Ian änderte seinen Namen in Bruder Andrew.

EINE KIRCHE IM WANDEL

Nachdem Papst Johannes XXIII. im Juni 1963 an Magenkrebs gestorben war, wurde Kardinal Giovanni Battista Montini zu seinem Nachfolger gewählt und nahm den Namen Paul VI. an. Er hatte die Aufgabe, der katholischen Kirche zu helfen, sich an den neuen Zugang zum Glauben, der aus dem Zweiten Vatikanischen Konzil hervorgegangen war, anzupassen. Eines der Hauptthemen der Bischöfe, die in Rom zusammengetroffen waren, war, wie sich die Kirche den Angehörigen anderer Religionen gegenüber verhalten sollte. In der Vergangenheit hatte die katholische Lehre darauf bestanden, dass es außerhalb der katholischen Kirche keine Erlösung gäbe. In den 1960er-Jahren war diese

Einstellung kaum mehr zu halten, da das Fernsehen, das Radio und die Aus-
wanderung in andere Staaten die Mauern, die die Katholiken bis dahin zum
Großteil von den anderen Religionen ferngehalten hatten, zum Teil niederge-
rissen hatten. Wenn es keine Erlösung außerhalb der katholischen Kirche gab,
dann hatte der Großteil der Menschen auf dieser Welt nach ihrem Tod keine
Hoffnung auf ein Leben mit Gott.

Dies hatte niemals Mutter Teresas Ansichten entsprochen, die glaubte, dass
die Männer und Frauen in Nirmal Hriday zu Gott nach Hause gingen. Sie hatte
der katholischen Kirche gezeigt, wie sich Katholiken gegenüber Menschen
anderer Religionen verhalten sollen und mit ihnen zusammenleben können,
ohne dabei auf irgendeine Art und Weise ihren eigenen Glauben aufs Spiel zu
setzen. Sie kümmerte sich um die Hindus, Muslime, Sikhs, Buddhisten, Jainisten – um alle – und erhielt gerade deswegen Unterstützung aus allen Teilen der
Bevölkerung Kalkuttas. Während die Bischöfe in Rom über die Bedeutung des
interreligiösen Dialoges diskutierten, ging es für sie dabei nicht um eine Doktrin oder um theologische Feinheiten, sondern um die Menschen. Für Mutter

Teresa waren die Dinge einfach: Jeder Mensch wurde nach dem Abbild Gottes geschaffen und Gott liebt alle Menschen.

Im Dezember 1964 fand in Bombay der Internationale Eucharistische Kongress statt, an dem Katholiken aus der ganzen Welt teilnahmen, und Papst Paul VI. kam, um ihn zu eröffnen. Früher im selben Jahr hatte er eine Pilgerreise nach Israel und Jordanien unternommen, womit er der erste Papst seit Petrus war, der das Heilige Land besucht hatte. Und nun wurde er zum ersten Papst, der Indien besuchte. Für die Katholiken in Indien, die eine Minderheit darstellten, war der Besuch von enormer Wichtigkeit. Er zeigte ihnen, dass sie nicht vergessen worden waren, und unterstrich, dass sie Teil einer weltweiten Religion waren.

Nach Ende des Kongresses spendete Papst Paul VI. das weiße Lincoln Cabrio, das er von einer Gruppe amerikanischer Katholiken bekommen hatte, den Missionarinnen der Nächstenliebe. Mutter Teresa beschloss, es zu verlosen. Das Geld, das sie damit einnahm, verwendete sie, um Shanti Nagar (»der Platz des Friedens«) zu gründen, eine Siedlung für Leprakranke auf einem Stück Land, das die indische Regierung zur Verfügung gestellt hatte. Ihre Idee war es, den Leprakranken zu helfen, sich selbst zu versorgen, wodurch sie nicht mehr mit Ablehnung zu kämpfen hatten. Sie lebten in Hütten, lernten Unterkünfte zu bauen, Reis anzubauen, sich um die Rinder zu kümmern, Körbe zu flechten und eine Druckerpresse zu betreiben.

Sowohl die Arbeit der Missionarinnen der Nächstenliebe als auch Mutter Teresas Bekanntheit breiteten sich weiter aus. Mutter Teresa reiste mittlerweile öfter durch Indien, immer auf der Suche nach Bedürftigen, denen ihre Schwestern helfen konnten. Der Zug von Kalkutta nach Delhi fuhr durch einen Bahnhof namens Eck Dil (»ein Herz«) und einen weiteren namens Prempur (»voller Liebe«). Mutter Teresa erzählte ihren Schwestern gerne davon, dass die beiden Namen zusammen eine perfekte Gemeinschaft bilden würden.

Als der indische Premierminister Jawaharlal Nehru nach Delhi kam, um

Einer der Patienten
in Nirmal Hriday
erlangt Mutter Teresas
Aufmerksamkeit.

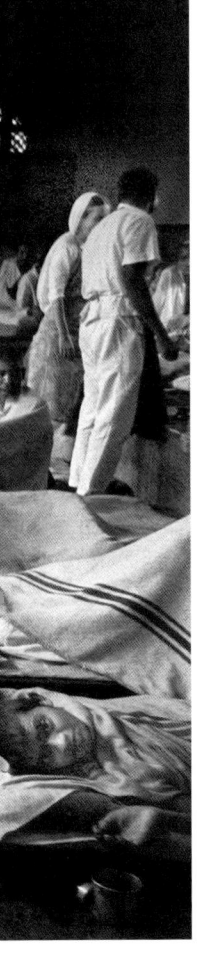

ein Kinderheim zu eröffnen, fragte ihn Mutter Teresa, ob sie ihm die Aufgabe der Missionarinnen der Nächstenliebe erklären solle. Er entgegnete: »Nein Mutter, Sie brauchen mir nicht von Ihrer Arbeit zu erzählen. Ich weiß darüber Bescheid. Deshalb bin ich hierhergekommen.«[9]

1965 verlieh der Vatikan den Missionarinnen schließlich den Status einer Gemeinschaft päpstlichen Rechts. Mutter Teresa entschied, die erste Niederlassung außerhalb Indiens in Venezuela zu eröffnen. Während der Sitzungen des Zweiten Vatikanischen Konzils hatte der Bischof von Venezuela, Benitez Naerquisimeto, Erzbischof Robert Knox, dem Apostolischen Nuntius in Delhi, von seiner Sorge darüber erzählt, dass die Kirche vielen der Armen in seiner Diözese nicht helfen konnte. Als Erzbischof Knox ihm von Mutter Teresa erzählte, beschloss er, sie einzuladen, einige Schwestern zu ihm zu schicken, damit diese eine Niederlassung eröffnen konnten.

Im Juli 1965 landete eine Gruppe Schwestern unter der Leitung von Schwester Nirmala, die früher dem Hinduismus angehört hatte und eine von Mutter Teresas ersten Schwestern war, am Flughafen von Caracas. Später an diesem Tag kamen sie in Cocorte, einer kleinen Stadt im Norden des Landes, an und zogen in das verlassene Pfarrhaus der Kirche San Jeronimo. Sie begannen, arme Familien zu besuchen, und organisierten Nähkurse, Schreibmaschinenkurse und Grundkurse für Englisch. Sie lehrten auch den Katechismus und halfen jungen Menschen, sich auf ihre Erstkommunion vorzubereiten. Im Gegenzug lernten die Schwestern von den einheimischen Frauen Spanisch und sie lernten auch, wie man den Kombi fuhr, den sie bekommen hatten.

Malcolm Muggeridges
BBC-Interview mit
Mutter Teresa löste viele
Reaktionen aus und half,
ihre Arbeit bekannter
zu machen.

Papst Paul VI. war von der Arbeit, die Muter Teresa leistete, so begeistert, dass er sie dazu einlud, eine Niederlassung in Rom zu eröffnen. Die Einladung musste sie überrascht haben, immerhin gab es bereits Dutzende von Nonnenorden, die in der Stadt arbeiteten. Im August 1968 kam sie mit einer Gruppe von Schwestern in der Pfarre Santo Stefano an; nach einem kurzen Aufenthalt in einem kleinen Haus in einem Vorort zog sie schließlich in ein Haus in Tor Fiscale, um dort eine Tagesstätte für Kinder zu eröffnen, in der Nähunterricht für Mädchen angeboten und den Kindern das Lesen und Schreiben beigebracht wurde. Später in diesem Jahr eröffnete Mutter Teresa ihre erste Niederlassung in Afrika, in Tansania. Der Orden der Missionarinnen der Nächstenliebe war nun tatsächlich international vertreten.

MUGGERIDGE

Das Interesse der Medien an Mutter Teresa blieb weiterhin groß und 1968 wurde sie für eine Sendung der BBC von Malcolm Muggeridge interviewt, einem englischen Journalisten und Autor, der sich gerade auf einer persönlichen spirituellen Suche befand. Nach allem, was man hörte, war das Interview, das im Kloster des Heiligen Kindes im Herzen Londons stattfand, nicht gerade außergewöhnlich. Mutter Teresa erklärte einfach, was sie und ihre Schwestern taten und warum sie es taten, so wie sie es getan hatte, als sie ihre Rede vor der Nationalen Versammlung Katholischer Frauen in Las Vegas gehalten hatte.

Als die dreißig Minuten dauernde Sendung spät am Abend ausgestrahlt wurde, löste sie beim Publikum außergewöhnliche Reaktionen aus, und viele Menschen schrieben der BBC, wie sehr sie die Dinge, die sie gesagt hatte, berührt hatten. Manche legten ihren Briefen sogar Schecks bei.

Im darauffolgenden Jahr flogen Muggeridge und ein Fernsehteam nach Kalkutta, um eine Dokumentation über Mutter Teresa mit dem Titel *Etwas Schönes für Gott* (*Something Beautiful for God*) zu drehen. Muggeridge hatte in

den 1930er-Jahren für kurze Zeit in Kalkutta gelebt, wo er für die Zeitung *The Statesman* gearbeitet hatte. Doch das Kalkutta, das er kannte, war eine Stadt der Diener, der Cocktailpartys und Reitgesellschaften im Jodhpur Club. Er wusste wenig über die Notleidenden, die sterbend auf den Straßen lagen.

Die Dinge, die er im Nirmal Hriday Sterbehaus sah, hinterließen einen tiefen Eindruck bei ihm. Doch es war nicht bloß die Liebe, die Mutter Teresa und ihre Schwestern jenen zukommen ließen, die sie von der Straße aufgelesen hatten. Muggeridge glaubte, dass während der Dreharbeiten ein Wunder geschah. Der Kameramann Ken Macmillan, der unter anderem an Kenneth Clarks bahnbrechender Dokumentationsreihe *Civilisation* mitgearbeitet hatte, erklärte Muggeridge, dass das Licht im Sterbehaus nicht gut genug sei, um zu filmen. Später schrieb Muggeridge in seinem Buch *Etwas Schönes für Gott* (*Something Beautiful for God*): »Wir hatten nur einen kleinen Scheinwerfer mitgenommen und es war völlig unmöglich, den Raum in der Zeit, die wir zur Verfügung hatten, angemessen auszuleuchten. Wir beschlossen, dass Ken trotzdem einen Versuch starten sollte; er sollte jedoch als eine Art Versicherung auch eine Sequenz im Hof filmen, wo die Bewohner in der Sonne saßen. Im ausgearbeiteten Film war der Teil, den wir im Inneren gedreht hatten, in ein besonders schönes, sanftes Licht getaucht, während der Teil, den wir im Freien gedreht hatten, ziemlich düster und undeutlich erschien.«[10]

Macmillan konnte sich dieses seltsame Ergebnis nicht erklären. Technisch war es unmöglich, wie er sagte. Muggeridge glaubte jedoch, dass das Licht im Inneren von einer übernatürlichen Macht ausgegangen war. Als er den Film im Katholischen Radio- und Fernsehzentrum in Hatch End nahe London einer Gruppe von Bischöfen und Priestern zeigte, erwartete er, dass sie über dieses übernatürliche Eingreifen genauso verwundert wären wie er selbst. Doch sie waren der Meinung, dass sie Ergebnisse eher auf die jeweilige Kameraeinstellung oder die Qualität des verwendeten Films zurückzuführen war. Muggeridge war bestürzt über diese Reaktion, die er als fehlenden Glauben deutete.

*Mutter Teresa hatte
nie großes Interesse an
öffentlicher Werbung
gehabt, doch sie
erkannte, dass die rich-
tige Art von Publicity
Gott dienen konnte.*

Mutter Teresa hatte nie großes Interesse an öffentlicher Werbung gehabt, doch sie erkannte, dass die richtige Art von Publicity Gott dienen konnte. Als der Präsident von Indien, Shri Varahagiri Venkata Giri, ihr 1969 den *Nehru* Preis verlieh, sagte er, dass sie »alle Grenzen zwischen den Völkern, Religionen, Überzeugungen und Nationen überschritten hat. In der heutigen Welt, die von Problemen belastet und von zahllosen Konflikten heimgesucht wird und voller Hass ist, birgt das Leben und die Arbeit Mutter Teresas neue Hoffnung für die Zukunft der Menschheit«.[11]

In ihrem Buch *Mutter Teresa: Hinter dem Bild* (*Mother Teresa:* Beyond the *Image*) weist Anne Sebba darauf hin, dass die Preise und Geldzuwendungen, die Mutter Teresa zu jener Zeit erhielt, den Zeitgeist der damaligen Epoche widerspiegeln: »Es waren immerhin die 1960er-Jahre und es gab ein starkes Gefühl des Idealismus, das sie sich besser als alle anderen zunutze machte. Man hatte das eindeutige Gefühl, dass es jemanden gab, der tatsächlich etwas gegen das Übel der Welt unternahm, anstatt bloß zu demonstrieren oder Dope zu rauchen, während er darüber sprach, dass man etwas tun sollte.«[12]

Es liegt etwas Wahres in dieser Behauptung. Jedes Zeitalter braucht seine Helden und Heldinnen. Mutter Teresas kontra-kultureller Lebensstil, ihr Mitgefühl mit den Armen und den Schwachen, ihre Ablehnung des Konsumdenkens und ihre Identifikation mit Indien, hatten sie zu einer idealen Heldin der westlichen Gesellschaft gemacht, die auf der Suche nach einem Sinn und nach Idealen war. Sie selbst hingegen sah sich nie in diesem Licht. Sie war einfach bloß ein Instrument Gottes. Doch es gab kaum etwas, das sie tun konnte, um dieser Beweihräucherung ein Ende zu bereiten. Es sollte nur noch mehr werden.

Kapitel 5

EINE LEBENDIGE HEILIGE

Zwischen dem Hudson River und dem East River gelegen und mit Manhattan durch die sechsspurige Washington Bridge verbunden, war die Bronx einst ein wohlhabender Bezirk New Yorks gewesen – doch bis ins Jahr 1971 hatte sie sich schließlich in ein Getto verwandelt. Verbrechen gegenüber älteren Personen waren so häufig, dass das New York Police Department Spezialteams gebildet hatte, die durch die Straßen patrouillierten.

Als der Erzbischof von New York, Kardinal Terence Cooke, Mutter Teresa einlud, eine Niederlassung in der südlichen Bronx zu eröffnen, zögerte sie nicht, diese Herausforderung anzunehmen. Es war genau die Art von Gegend, in die sie ihre Schwestern schicken wollte.

Als sie mit Dorothy Day durch die Straßen der New Yorker East Side gewandert war, hatte sie einen ersten Eindruck der Armut und der fehlenden Hoffnung erhalten, die sich hinter dem äußeren Schein der wohlhabenden westlichen Großstädte verbargen. Sie sagte einmal:»Jedes Mal, wenn ich nach Europa oder Amerika komme, bin ich entsetzt von dem Unglück, das so viele der Menschen verspüren, die in diesen reichen Ländern leben; es gibt so viele zerbrochene Familien und Kinder, deren Eltern sich nicht um sie kümmern. Ihre allererste Pflicht ist es, mit ihren eigenen Leuten zu arbeiten, getrennte Paare wieder zueinanderzubringen, ein geeignetes Zuhause zu gründen, in denen die Kinder die Liebe ihrer Eltern zu spüren bekommen. Sie verfügen über materiellen Reichtum, doch ihnen fehlen die spirituellen Werte.«[1]

Als sie einmal von einem Priester gefragt wurde, wie sie den Armen in New York helfen wolle, antwortete sie:»Wir können wie eine Brücke sein zwischen jenen, die viel haben, und jenen, die wenig haben.«[2] Diese Antwort war typisch für Mutter Teresa. Sie wollte keine detaillierten Pläne oder Ziele für ihre Schwestern ausarbeiten, wenn diese eine neue Mission ins Leben riefen, sondern ließ den Dingen und Gottes Willen lieber ihren Lauf. Sie sagte einmal:»Ich möchte nicht, dass die Arbeit zu einem Geschäft wird, sondern dass sie eine Arbeit der

Liebe bleibt«, und ein anderes Mal meinte sie:»Achtet nicht auf die Zahlen, was wirklich zählt, sind die Menschen.«[3]

1971 kamen fünf Schwestern am Flughafen JFK an; jede von ihnen hatte ihren eigenen Bedarf an Kochutensilien und eine zusammengerollte Matte bei sich. Zunächst lebten sie bei den Dienerinnen Marias in einem Kloster in Harlem, bevor sie in ein dreistöckiges Backsteinhaus im Herzen der südlichen Bronx zogen.

Da ein großer Teil der Bevölkerung hispanischer Abstammung war, schrieben sich die Schwestern zuallererst für einen Spanischkurs in einer katholischen Highschool ein. Nach und nach lernten sie die Familien in ihrer Nachbarschaft kennen und bald begleiteten sie diese mit der U-Bahn zu ihren Anhörungen vor Gericht oder zu Gefangenenbesuchen nach Rikers Island.

Als Mutter Teresa im Oktober 1971 in New York ankam, waren ihr zwei Dinge besonders wichtig. Zunächst wollte sie nachsehen, wie die Schwestern mit ihrer neuen Mission zurechtkamen und ihnen Rat und Unterstützung zukommen lassen. Darüber hinaus hatte man ihr jedoch auch mitgeteilt, dass sie eine von acht herausragenden Persönlichkeiten war, die von der Joseph P. Kennedy Jr.-Stiftung einen Preis für ihre humanitäre Arbeit erhalten sollten.

Im Zuge der Feierlichkeiten im John F. Kennedy-Zentrum für Bildende Künste in Washington D. C. wurde ein Ausschnitt aus der Dokumentation *Etwas Schönes für Gott* gezeigt, bevor sie selbst die Bühne betrat, um von dem lächelnden Senator Kennedy ihren Preis und einen Scheck über 12.000 Dollar entgegenzunehmen. Das Geld ermöglichte es ihr, das Heim für geistig und körperlich behinderte Menschen in der Nähe des Flughafens von Kalkutta zu sanieren.

Während ihres Aufenthaltes in den Vereinigten Staaten traf sich Mutter Teresa mit Malcolm Muggeridge und die beiden gaben gemeinsam eine Reihe von Presse- und Fernsehinterviews, um Werbung für das Buch *Etwas Schönes für Gott* zu machen. Als sie mit der Feststellung herausgefordert wurde, wie

wenig Hilfe ihre Schwestern doch angesichts so vieler Not leidender Menschen leisten konnten, entgegnete sie:»Ich addiere nicht. Ich subtrahiere lediglich von der Gesamtzahl der armen oder sterbenden Menschen. Ein Dollar kann einem Kind das Leben retten. Kann man deshalb sagen, dass man mit einem Dollar ein Leben kaufen kann? Nein – doch man kann ihn verwenden, um es zu retten.«[4] Während eines Interviews erschien auf dem Monitor vor ihr eine Werbung für Schlankheitspräparate, worauf sie meinte:»Und ich verbringe mein Leben mit dem Versuch, ein paar Gramm Fett auf die vielen mageren Knochen zu bringen.«

Von New York aus flog sie nach Toronto, um dort im Rahmen einer Konferenz gemeinsam mit Jean Vanier an einer Diskussion teilzunehmen. Wie Mutter Teresa war auch er radikal auf die Bedürfnisse der Benachteiligten eingegangen. Er hatte sein Lehramt an der Universität von Toronto aufgegeben und beschlossen, sein Leben der Gründung von Häusern für Menschen mit Lernbehinderungen zu widmen. Sein Ziel war es, eine familiäre Atmosphäre zu schaffen, die sich gänzlich von den unpersönlichen, für die großen Organisationen so typischen, Bedingungen unterscheiden sollte. Seine erste Niederlassung in Frankreich trug den Namen *L'Arche* (französisch für »Arche«) und der Name wurde von den anderen Häusern übernommen, die bald darauf gegründet wurden.

Die Konferenz in Toronto fand unter dem Titel »Das Geheimnis des Friedens« statt und im Massey-Saal der Stadt drängten sich die Menschen, unter ihnen vor allem Studenten und andere junge Leute, die begierig darauf waren, zu erfahren, wie man die Welt verändern konnte. Mutter Teresa erklärte ihnen, dass sie besser mit den Menschen, die sie persönlich kannten, Frieden machen sollten, bevor sie an Friedensdemonstrationen teilnahmen. Sie forderte sie auf, aufmerksam gegenüber den Bedürfnissen der armen und leidenden Menschen zu sein, die in ihren eigenen Groß- und Kleinstädten lebten, die sie als »kleine Kalkuttas« bezeichnete. Doch wohltätige Arbeit allein sei nicht genug, erklärte sie ihnen weiter und sagte ihnen:»Kinder, sagt euren Eltern, dass sie euch lehren sollen, wie man betet. Das ist der Anfang.«[5]

UNTER BESCHUSS

Laut Anne Sebbas Buch *Mutter Teresa: Hinter dem Bild (Mother Teresa: Beyond the Image)* traf Mutter Teresa 1972 in einem Flugzeug auf die ursprünglich aus Australien stammende Schriftstellerin und Feministin Germaine Greer. Ihr Buch *Der weibliche Eunuch*, das zwei Jahre zuvor erschienen war, war zu einem Bestseller geworden. In einem Interview mit der *New York Times* hatte Greer gesagt:»Frauen wurden von ihrer Libido, von ihrer Fähigkeit, Verlagen zu spüren, und von ihrer Sexualität getrennt. Sie stehen diesen Dingen nun misstrauisch gegenüber. Wie zum Beispiel Tiere, die im landwirtschaftlichen Gebrauch kastriert werden, um den tieferen Beweggründen des Landwirts zu genügen – um gemästet oder gefügig gemacht zu werden –, wurden Frauen ihrer Handlungsfähigkeit beraubt.«[6]

Greer äußerte vor allem vernichtende Kritik an der Arbeit, die Mutter Teresa 1971 nach dem bitteren Bürgerkrieg und nach der Unabhängigkeitserklärung in Bangladesch geleistet hatte. Als Folge des Krieges waren zahllose Mädchen und Frauen von den pakistanischen Soldaten vergewaltigt worden. Manche Schätzungen gehen von 200.000 Opfern aus. Die Frauen, die danach schwanger wurden, erhielten keine Unterstützung von ihren Familien. Stattdessen wurden sie, wie im Islam üblich, verstoßen. Mutter Teresa reagierte darauf, indem sie zahlreiche Häuser eröffnete, in denen man sich um die Opfer kümmerte. Sie zeigte ihnen auch, wie sie sich selbst finanziell über Wasser halten konnten, indem sie Puffreis am Markt von Dhaka verkauften.

»Als sie 1972 zwei Tage nach der Befreiung von den Pakistanis nach Dhaka fuhr, fand man 3.000 solcher Frauen in den Bunkern der Armee«, sagte Greer. »Man hatte ihnen ihre Saris weggenommen, damit sie sich nicht erhängen konnten. Diejenigen, die schwanger waren, benötigten eine Abtreibung. Mutter Teresa gab ihnen keine andere Wahl, als die Frucht das Hasses auszutragen. In Mutter Teresas Universum gibt es keinen Platz für die moralischen Prioritäten anderer Menschen. Die Frage, ob man den leidenden Frauen eine Chance geben sollte, stellt sich ihr nicht.«[7]

Greer behauptet weiter, dass einige Sozialarbeiterinnen ihr erzählt hätten, dass sich Frauen, die aufgrund einer späten Schwangerschaft an Komplikationen litten oder eine Fehlgeburt gehabt hatten, an die Krankenhäuser der Missionarinnen der Nächstenliebe gewandt hätten, wo man sie jedoch abgewiesen hatte. Stimmte diese Behauptung? Wir wissen es nicht. Was wir jedoch wissen, ist, dass Mutter Teresa für sie jemand war, die, was die Rolle der Frauen betraf, die Uhr zurückgedreht hatte. Laut Greer war sie eine fügsame Frau, die die männliche Autorität nicht infrage stellte und die eine Einstellung zur Sexualität hatte, die die Frauen in einen Käfig sperrte.

Mutter Teresas standhafte Meinung zum Thema Abtreibung erregte ihr ganzes Leben hindurch öffentliches Aufsehen und gab Grund für Kontroversen.

MISSERFOLGE

1972 landete Mutter Teresa mit vier Schwestern in Belfast; sie war überzeugt davon, dass Liebe und Vergebung der Gewalt und dem Krieg ein Ende setzen konnten. Nordirland war zu einem Schlachtfeld paramilitärischer Gruppen geworden, die sich in Katholiken und Protestanten teilten, obwohl der eigentliche Grund für die Gewaltausbrüche die Aufteilung des Landes und dessen Regierung war. Der Beschluss der britischen Regierung, Truppen zu entsenden, hatte nicht zum Frieden auf den Straßen geführt, sondern die Situation nur noch weiter verschlimmert. Als ein Bürgerrechtsmarsch im Bezirk Derry in einem Tumult endete, eröffneten britische Soldaten das Feuer, woraufhin dreizehn Menschen getötet und siebzehn Menschen verletzt wurden.

Mutter Teresa beim Gebet
während der feierlichen Weihung
ihrer 400. weltweiten Niederlassung in Tijuan, Mexiko, am
1. Juli 1988. Die Niederlassung
in Tijuan bietet Unterkunft für
Obdachlose, Todkranke und
unverheiratete Mütter.

Die Missionarinnen der Nächstenliebe erlebten nicht zum ersten Mal Gewaltausbrüche innerhalb einer Stadt. Zwei Jahre zuvor hatte eine Gruppe von Schwestern eine Niederlassung in Amman, in Jordanien, eröffnet, um sich schließlich mitten in einem zehntägigen Bürgerkrieg zwischen der jordanischen Armee und der Palästinensischen Befreiungsorganisation wiederzufinden.

Mutter Teresa und ihre Schwestern zogen in ein verlassenes, stadteigenes Wohnhaus im katholischen Viertel von Ballymurphy. Der Kurat, der früher dort gewohnt hatte, war erschossen worden, was bereits ein Anzeichen dafür war, wie gefährlich es in der Stadt mittlerweile geworden war. Mutter Teresas Plan sah vor, dass die Missionarinnen der Nächstenliebe als Symbol der christlichen Einheit mit einigen anglikanischen Schwestern zusammenarbeiten sollten.

Die Schwestern wurden jedoch scheinbar nicht von allen begeistert empfangen und es dauerte nicht lange, bis sie ihre Taschen packten und abreisten. Warum es tatsächlich dazu gekommen war, wurde nie bekannt. Vielleicht hatte es Mutter Teresa einfach nicht geschafft, die komplexe politische und religiöse Geschichte zu verstehen, in der die Gewaltausbrüche begründet waren.

Auch in Sri Lanka verlief nicht alles nach Plan; hier war sie gezwungen, ihre Mission in Colombo aufzugeben, nachdem die Regierung alle ausländischen Orden des Landes verwiesen hatte.

VOM GEBET GETRAGEN

Trotz Greers ätzender Kritik und den Misserfolgen in Nordirland und Sri Lanka blieb Mutter Teresas guter Ruf unbeeinträchtigt. Im folgenden Jahr wurde ihr im Rahmen einer Zeremonie als erster Preisträgerin der *Templeton-Preis* für religiösen Fortschritt verliehen.

Das Gebet bildete die Grundlage, auf der sie und ihre Schwestern ihre Arbeit aufbauten (sie gab den Menschen, denen sie begegnete, oft Gebetskarten und bezeichnete diese als »Visitenkarten«). Obwohl sie die meiste Zeit keine Antwort auf ihre Gebete erhielt, hielt sie jeden Tag ihres Lebens daran fest. »Wenn man Gott sucht, weiß man nicht, wo man beginnen soll«, erklärte sie einmal. »Lerne zu beten und mach dir die Mühe, es jeden Tag zu tun. Du kannst jederzeit beten, überall. Du musst dich nicht in einer Kapelle oder Kirche befinden. Du kannst während der Arbeit beten – die Arbeit muss nicht das Ende des Gebets bedeuten und das Gebet nicht das Ende der Arbeit.«[8]

Sie bat darum, dass jeder ihrer Niederlassungen ein kontemplatives Kloster zugeordnet werden sollte. Sie glaubte, dass diese Kontemplativen ihre Arbeit durch ihre Gebete stärken würden. Innerhalb eines Jahres erklärten sich etwa 400 Klöster bereit, mitzumachen.

Im Zuge ihrer Teilnahme am Internationalen Eucharistischen Kongress, der 1976 in Philadelphia stattfand, gab sie bekannt, dass sie eine neue Abspaltung der Missionarinnen der Nächstenliebe ins Leben rufen wolle: die Kontemplativen Missionarinnen der Nächstenliebe. Schwester Nirmala, die die Gemeinschaft in Venezuela leitete, wurde zur Leiterin der ersten Niederlassung ernannt, die sich in der Union Avenue in der Bronx befand. Die Schwestern sollten nicht vollkommen abgeschnitten leben, wie beispielsweise der Orden der Klarissen. Stattdessen sollten sie die Isolierten und Kranken in den Krankenhäusern besuchen und die örtliche Bevölkerung einladen, mit ihnen zu beten.

Mutter Teresa erklärte die Auswahl des Standortes ihrer neuen Initiative später folgendermaßen: »Wir müssen uns alle die Zeit nehmen, um still und kontemplativ zu sein, vor allem jene, die in den großen Städten wie London und New York leben, wo sich alles so rasch bewegt. Deshalb habe ich beschlossen, die erste Niederlassung der Kontemplativen Schwestern (deren Aufgabe es ist, den Großteil des Tages zu beten) in New York und nicht im Himalaja einzurichten, da ich der Meinung bin, dass Stille und Kontemplation in den großen Städten dieser Welt eher gebraucht werden.«[9]

Drei Jahre später gründete sie den Orden der Kontemplativen Brüder.

DIE ROLLE DER FRAUEN

Nachdem der Vatikan erkannt hatte, dass Mutter Teresa jemand war, die es auf die Titelseiten schaffte, sobald sie ihre Meinung zu einem Thema äußerte, schickte er sie als Mitglied seiner offiziellen Delegation 1975 zur Internationalen Frauenkonferenz der Vereinten Nationen nach Mexiko City (Im gleichen Jahr hatte bereits die Ernährungs- und Landwirtschaftsorganisation der Vereinten Nationen ihre humanitären Leistungen gewürdigt, indem sie eine Münze prägen ließ, die ihr Konterfei zeigte.).

Ziel der Konferenz war es, die volle Gleichberechtigung der Frauen zu diskutieren, der Diskriminierung ein Ende zu setzen und ihre Rechte zu propagieren – dieselben Dinge, für die Germaine Greer kämpfte.

Mutter Teresa erklärte den Delegierten, dass es die Aufgabe der Frauen sei, ein glückliches Heim für ihre Ehemänner und Kinder zu schaffen, und es kann verständlicherweise angenommen werden, dass Teile des Publikums schockiert und empört darauf reagierten.

Es war auch klar, dass sie hier nicht für alle katholischen Frauen sprach, nicht einmal für all jene, die in religiösen Orden lebten. Viele hatten die Enzyklika *Humanae Vitae* (»*Über die rechte Ordnung der Weitergabe des menschlichen Lebens*«), die von Papst Paul VI. 1968 veröffentlicht worden war, abgelehnt, da diese die Anwendung künstlicher Verhütungsmittel verbat, was als wirklichkeitsfremd gesehen und als Beweis dafür erachtet wurde, dass die Kirche kaum Verständnis für die Situation der modernen Frau aufbrachte. Mutter Teresa hingegen hatte kein Problem mit dieser Enzyklika. Sie glaubte daran, dass Geschlechtsverkehr den alleinigen Zweck hatte, Kinder zu zeugen. In ihrer Vorstellung bedeutete Feminismus (nicht, dass sie dieses Wort jemals in den Mund genommen hätte), dass die Frauen ein Leben der Liebe, des Mitgefühls, der Opfer und der Dienstbarkeit führen und es nicht einem Kampf widmen sollten, bei dem es darum ging, die Macht der Männer an sich zu reißen und zu versuchen, die Unterschiede zwischen den Geschlechtern auszulöschen.

Als sie nach Kalkutta zurückgekehrt war, fragte sie Pater Edward Le Joly, einer ihrer spirituellen Berater: »Wie war Mexiko, Mutter?«

»Zu viel Politik«, antwortete sie. »Enttäuschend. Sie haben Gott nicht einmal erwähnt.«[10]

BEFREIUNGSTHEOLOGIE

Anderswo in Lateinamerika begann sich der Marxismus mit dem Katholizismus zu vermischen, woraufhin eine mächtige Verbindung entstand. Angetrieben von dem Wunsch des Zweiten Vatikanischen Konzils, nach dem sich die katholische Kirche im größeren Maße mit den Armen identifizieren sollte, entwickelte sich als Reaktion auf die weitverbreitete Armut auf dem Kontinent und die Ungerechtigkeit, die durch die politischen, wirtschaftlichen und sozialen Systeme entstanden war, eine Bewegung, die als Befreiungstheologie bekannt wurde. Sie lieh sich das Konzept des Klassenkampfes vom Marxismus und betrachtete Jesus nicht nur als religiöse Figur, sondern als jemanden mit einer politischen Botschaft. Auf der Zweiten Generalkonferenz der Lateinamerikanischen Bischöfe (CELAM), die 1968 in Medellin, Kolumbien, stattfand, bekamen Theologen wie der Peruaner Gustavo Gutierrez Unterstützung, der behauptet hatte, dass dies der richtige Weg sei, um die Gesellschaft zu verändern und Gottes Königreich

Rikschas fahren an den langen Menschenschlangen vorbei, die sich täglich vor Mutter Teresas Niederlassung in Kalkutta um Essen anstellen.

wahr werden zu lassen. In gewisser Weise wiederholte er damit die Ansichten Pauls VI., der in seiner Enzyklika *Populorum Progressio* (»*Die Entwicklung der Völker*«) davor gewarnt hatte, dass, auf lange Sicht gesehen, das Gefälle zwischen Nord und Süd gefährlicher werden würde als der Konflikt zwischen Ost und West.

Seit sie die Loretoschwestern 1948 verlassen und ein neues Leben in den Slums von Kalkutta begonnen hatte, waren die Ärmsten der Armen für Mutter Teresa immer das Wichtigste gewesen. Sie sagte einmal:»Wenn man das Problem der Armut intellektuell erfasst hat, heißt das nicht, dass man es auch versteht. Das gelingt nicht, indem man etwas darüber liest, darüber spricht oder in den Slums umherspaziert ... so werden wir es nicht verstehen und erkennen können, dass es eine gute und eine schlechte Seite hat. Wir müssen in die Armut eintauchen, sie erleben, sie teilen.«[11]

Nachdem»eine Option für die Armen« zum Leitspruch der Befreiungstheologen geworden war, liegt es nahe, dass Mutter Teresa sie unterstützte. Doch das tat sie nicht. Das Modell der katholischen Kirche, das sich Theologen wie Gutierrez zunutze gemacht hatten, entsprach nicht dem traditionellen hierarchischen Modell, dem sich Mutter Teresa verschrieben hatte und bei dem sich der Papst an der Spitze, die Bischöfe und der Klerus in der Mitte und die Gläubigen an der Basis befanden. Stattdessen gründete sich die Kirche hier auf christlichen Gemeinschaften an der Basis, wo oftmals Laien oder religiöse Schwestern und nicht nur Priester die Führung übernahmen.

Obwohl sich die Missionarinnen der Nächstenliebe mit der Befreiungstheologie und diesen christlichen Gemeinschaften an der Basis nicht anfreunden konnten, spielten sie eine sehr aktive Rolle, was den Grundlagenkatholizismus in Lateinamerika betraf. Da es beispielsweise in Peru einen Mangel an Priestern gab, übernahmen die Schwestern dort alle Aufgaben der Priester, mit der Ausnahme, dass sie keine Messen lesen und keine Beichte abnehmen durften.

»In Wahrheit ähneln sie den Diakonen«, erklärte Mutter Teresa. »Sehen wir uns als Beispiel die Hochzeit an; die Schwestern übernehmen die Vorbereitungsarbeiten und lassen die Hochzeitsfeierlichkeiten stattfinden. Einmal fanden dreißig Hochzeiten gemeinsam statt. In einem anderen Ort regelten sie die Verbindungen von drei Generationen von Paaren, die zusammenlebten: Großeltern, Eltern und Kinder. Ein Rechtsanwalt arbeitet mit ihnen zusammen und kümmert sich um die zivilrechtlichen Trauungen – er opfert dafür seine Freizeit. Die Paare sind so glücklich, wenn sie schließlich das Sakrament der Ehe erhalten.«[12]

Sie unterwarf sich stets der Autorität der katholischen Kirche (Malcolm Muggeridge bemerkte dazu: »Es ist etwas, das sie hinnimmt, ohne Zweifel zu zeigen, wie Bauern das Wetter hinnehmen oder Seeleute einen Sturm auf offenem Meer.«). Doch wenn sie der Meinung war, dass sich ein Bischof oder Priester nicht an die Lehren der Kirche hielt – etwas, das in den Jahren nach dem Zweiten Vatikanischen Konzil immer häufiger vorkam –, dann sagte sie es auch. So warf sie einmal einen jungen Priester hinaus, der während einer Rüstzeit ihrer Schwestern die katholische Lehre der Eucharistie infrage stellte.

FEIERLICHKEITEN

Im Oktober 1975 feierte man das fünfundzwanzigjährige Bestehen des Ordens. Mittlerweile gab es einundsechzig Niederlassungen der Missionarinnen der Nächstenliebe in Indien und siebenundzwanzig in Übersee. Um die Schwestern an ihre Berufung zu erinnern, waren die Worte »mich dürstet« in jeder Kapelle auf die Wände geschrieben worden. Dem Orden gehörten 1.133 Schwestern und über 200 Novizinnen in den drei Noviziaten in Kalkutta, Rom und Melbourne an und jedes Jahr baten über fünfzig junge Frauen um Aufnahme. Diese Anzahl mag klein erscheinen, bis man sich in Erinnerung ruft, welch große Opfer ein solches Leben verlangte.

Darüber hinaus waren die Co-Arbeiterinnen, die mittlerweile weltweit etwa 80.000 Mitglieder zählten und von Ann Blaikie geleitet wurden, 1969 offiziell von Papst Paul VI. anerkannt worden.

Mutter Teresa unterteilte die Arbeit des Ordens gerne in fünf Teilkategorien: die apostolische Arbeit, die medizinische Pflege, die Ausbildung, die sozialen Dienste und die Hilfsdienste.

Die apostolische Arbeit umfasste die Leitung von Sonntagsschulen, Bibelstudiengruppen und die Besuche von Menschen in Gefängnissen und Krankenhäusern. Der medizinische Teil der Arbeit beinhaltete Apotheken, mobile Kliniken, Fürsorge für Leprakranke für Patienten mit Tuberkulose und Aids sowie die Bereitstellung von Häusern für verlassene und behinderte Kinder. Die Bildungsarbeit der Schwestern bestand in der Leitung von Schulen und Handwerkskursen. Die soziale Arbeit umfasste die Bereitstellung von Häusern für Alkoholiker, Drogensüchtige und unverheiratete Mütter sowie von Nachtunterkünften und Zentren zur natürlichen Familienplanung. Zusätzlich zu diesen Leistungen bot der Orden grundlegende Hilfsleistungen wie die Bereitstellung von Nahrungsmitteln und Kleidern an.

Zu den Jubiläumsfeierlichkeiten las Lawrence Picachy, der Ferdinand Perier nach dessen Tod 1968 als Erzbischof von Kalkutta nachgefolgt war, die heilige Messe für die Schwestern.

Mutter Teresa wollte nicht, dass die Jubiläumsfeierlichkeiten nur nach katholischer Tradition erfolgten, weshalb sie sich für einen ungewöhnlichen Schritt entschied und Briefe an die anderen religiösen Gruppierungen in Kalkutta schrieb, in denen sie diese darum bat, einen Dankesgottesdienst abzuhalten. Bemerkenswerterweise antworteten sie alle und eine Liste der Gottesdienste wurde in der Zeitung *Calcutta Post* veröffentlicht. Mutter Teresa und einige ihrer Schwestern nahmen an allen Gottesdiensten teil, die von den achtzehn verschiedenen Gruppierungen veranstaltet wurden. In der Moghen Synagoge rezitierte sie das »Magnificat«. Im Jain-Tempel wurde ihre Ankunft von

*»Trotz allem ist Jesus
alles für mich …
ich liebe niemanden
außer Jesus.«*

Becken und Trommeln begleitet und die Mönche waren – ihrer Tradition entsprechend – vollkommen nackt.

Eine Woche nach den Feierlichkeiten flog sie nach North Carolina, um einen weiteren Preis, den *Internationalen Albert Schweitzer-Preis*, entgegenzunehmen. Danach reiste sie nach New York, um dort als christliche Vertreterin an einem spirituellen Treffen teilzunehmen, das vom *Tempel des Verstehens* (*Temple of Understanding*), einer glaubensübergreifenden Organisation, veranstaltet wurde. Die Schlagzeile der *New York Times* am nächsten Tag lautete: »Eine lebende Heilige nimmt an einer spirituellen Unterredung teil.«

Mutter Teresa fühlte sich nicht als Heilige. Obwohl sie angesichts des beeindruckenden Wachstums ihres Ordens und dem Lob, das ihr zuteilwurde, Befriedigung verspürt haben muss, fühlte sie sich im Inneren immer noch Gottes Abwesenheit.

Etwa zu dieser Zeit stand sie an einer Bushaltestelle in Rom, als ein niederländischer Herz-Jesu-Priester auf sie zukam und sich als Pater Michael van der Peet vorstellte. Sie unterhielten sich und sie lud ihn ein, mit einigen ihrer Novizinnen in einem Kloster am Rand von Rom über das Gebet zu sprechen.

Sie war von ihm beeindruckt und begann, ihm Briefe zu schreiben, in denen sie ihn um spirituellen Rat bat. Wieder beschrieb sie ihre spirituelle Leere und Dunkelheit, jedoch nicht mit der gleichen Ängstlichkeit, die sie in ihren Briefen an Erzbischof Perier, Pater Picachy und Pater Neuner durchscheinen hatte lassen. Dieser Umstand weist darauf hin, dass sie begonnen hatte, ihre Zweifel zu akzeptieren; sie schrieb:»Trotz allem ist Jesus alles für mich … ich liebe niemanden außer Jesus.«[13]

Im August 1978 starb Papst Paul VI. an einem Herzinfarkt. Nach einem der kürzesten Konklaven der Geschichte überraschten die 111 Kardinäle alle, als sie den fünfundsechzigjährigen Kardinal Albino Luciani, den Patriarchen von Venedig, zu seinem Nachfolger wählten. Er nahm den Namen Johannes Paul I. an. Doch dreiunddreißig Tage später teilte man den erstaunten Katho-

Mutter Teresa erhält im Dezember 1979 den Friedensnobelpreis vom Vorsitzenden des norwegischen Nobel-Instituts, Professor John Sanness. Der Preis machte sie weltberühmt.

liken mit, dass er von seinem Privatsekretär tot aufgefunden worden war; sein Tod führte zu Gerüchten über einen möglichen Mord und dunkle Machenschaften innerhalb des Vatikans.

Im Oktober packten die Kardinäle auf der ganzen Welt wieder ihre Koffer und flogen nach Rom. Dieses Mal war die Überraschung noch größer, als der achtundfünfzigjährige Kardinal Karol Wojtyla, Erzbischof von Krakau, lächelnd auf dem Balkon des Petersdoms oberhalb der riesigen, erwartungsfrohen Menge auf dem Platz erschien und verkündete, dass er den Namen Johannes Paul II. gewählt hatte. Die Kardinäle hatten nicht bloß den ersten Nicht-Italiener seit 400 Jahren zum Papst gewählt, er war darüber hinaus auch noch Slawe. Die Katholiken in den kommunistischen Ländern Osteuropas nahmen die Neuigkeit mit Staunen und Aufregung entgegen.

DER FRIEDENSNOBELPREIS

1976 erhielt Mutter Teresa den *Pacem in Terris*-Preis für Frieden und Freiheit, der in Gedenken an Papst Johannes' XXIII. Enzyklika *Pacem in Terris* (*»Über den Frieden auf Erden«*) verliehen wurde. Zu den bisherigen Preisträgern zählten Martin Luther King Jr. und Dorothy Day. Mit dem Geld, das sie dafür bekam, finanzierte sie eine Unterkunft für Leprakranke. Der Ruhm gebühre nicht ihr, sondern Gott, sagte sie immer und beschrieb sich selbst als Bleistift in Gottes Hand. »Ich tue nichts. Er tut alles.«[14]

Sie war bereits 1972, 1975 und 1977 für den Friedensnobelpreis nominiert gewesen, doch sie war jedes Mal leer ausgegangen. Nicht, dass es ihr etwas ausgemacht hätte. 1979 wurde sie im Alter von neunundsechzig Jahren wieder nominiert und dieses Mal entschied sich das Komitee für sie. Obwohl ihre Einstellung durch und durch katholisch war, galt sie auch als Frau, die das Gute in anderen Religionen sah und die Art von interreligiöser Harmonie repräsentierte, die vom Nobelkomitee unterstützt wurde. So war sie mittler-

weile beispielsweise eine Freundin und Förderin von Bruder Roger, der 1940 die Gemeinschaft von Taizé gegründet hatte, eine in Burgund, Frankreich, beheimatete ökumenische Gemeinschaft, die jedes Jahr Tausende junger Pilger anzog. Sie hatte gelernt, andere Religionen zu schätzen und nicht die Unterschiede, sondern deren Gemeinsamkeiten mit dem Christentum zu erkennen. Zugleich war sie jedoch nicht bereit zuzusehen, wie das Christentum an den Rand gedrängt werden sollte. Als die indische Regierung 1978 einen Gesetzesentwurf zur Religionsfreiheit verabschiedete, weil Bedenken aufgekommen waren, dass einige ausländische christliche Missionen versuchten, zu ihrem Glauben zu konvertieren, schrieb Mutter Teresa einen Brief an den Premierminister Morarji Desai, in dem sie argumentierte, dass wahre Freiheit bedeuten würde, dass eine Person ihre Religion frei wählen dürfe.

Im Dezember 1979 kam sie in Oslo an, um den Friedensnobelpreis entgegenzunehmen. Im Zuge des Empfangs, der ihr zu Ehren in der indischen Botschaft veranstaltet wurde, erklärte sie den Journalisten:»Ich selbst verdiene den Preis nicht. Ich möchte ihn nicht. Doch die Verleihung dieses Preises zeigt, dass die Menschen in Norwegen die Existenz der Armen anerkennen. Ich bin in ihrem Namen gekommen.«[15] Auf ihren Wunsch hin wurde das traditionelle Festessen abgesagt und die 3.000 Pfund stattdessen verwendet, um Nahrung für die Armen bereitzustellen.

Unter den Gästen in dem großen Saal der Universität von Oslo befanden sich Ann Blaikie, Jacqueline de Decker und ihr Bruder Lazar. Ihre Mutter und ihre Schwester waren einige Jahre zuvor gestorben.

Professor John Sanness, der Vorsitzende des Nobelpreiskomitees, erklärte, warum Mutter Teresa als Preisträgerin ausgewählt worden war:»Mutter Teresa arbeitet in einer Welt, die sie annimmt, wie sie sie vorfindet, in den Slums von Kalkutta und anderen Städten und Großstädten. Aber sie macht keinen Unterschied zwischen armen und reichen Menschen, zwischen armen und reichen Ländern. Politik war niemals ihre Sache.«[16]

Mutter Teresa bei einer
Unterhaltung mit Bruder
Roger Schulz während
einer Pilgerreise nach Taizé
am 23. Oktober 1983.
Beide betonten, dass es
im Christentum vorrangig
um Liebe gehe.

Bevor sie ihre Rede hielt, lud sie alle dazu ein, mit ihr zusammen das Gebet des hl. Franz von Assisi zu beten: »O Herr, mach mich zu einem Werkzeug deines Friedens, dass ich Liebe übe, wo man gehasst wird, dass ich ein Licht anzünde, wo die Finsternis regiert, dass ich Freude mache, wo der Kummer wohnt.

Herr, lass du mich trachten: Nicht, dass ich getröstet werde, sondern dass ich andere tröste, nicht, dass ich verstanden werde, sondern dass ich andere verstehe, nicht, dass ich geliebt werde, sondern dass ich andere liebe.

Denn wer da hingibt, der empfängt, wer sich selbst vergisst, der findet, wer verzeiht, dem wird verziehen, und wer stirbt, erwacht zum ewigen Leben.«

Um die Art von Liebe und Aufopferung zu illustrieren, die die Welt ihrer Meinung nach brauchte, erzählte sie die Geschichte eines vierjährigen Hindu-Jungen, der gehört hatte, dass Mutter Teresa Schwierigkeiten hatte, Zucker für ihre Niederlassungen in Kalkutta aufzutreiben, und der zu seinen Eltern sagte: »Ich werde drei Tage lang keinen Zucker essen, ich werde den Zucker Mutter Teresa für ihre Kinder geben.« Indem er das tat, setzte der Junge ein Zeichen der Liebe für jene, die in Not waren, so Mutter Teresa.[17]

Danach beschrieb Mutter Teresa, wie ihre Schwestern 36.000 Menschen von den Straßen Kalkuttas aufgelesen hatten. Sie sprach auch von ihrer Abscheu gegenüber der Abtreibung und erklärte dem Publikum geradeheraus: »Wenn eine Mutter ihr eigenes Kind in ihrem eigenen Leib ermorden kann, was bleibt uns dann noch, als uns gegenseitig zu ermorden?«[18]

Zu dieser Zeit war Abtreibung ein sehr sensibles Thema, weshalb Professor Sanness' Aussage, dass Politik niemals Mutter Teresas Sache gewesen sei, nicht richtig war. Doch ihrer Ansicht nach hatte Abtreibung nichts mit Politik zu tun, sondern mit Menschenrechten und dem Schutz jeglichen Lebens, das sie als Geschenk Gottes ansah.

Bekommt eine Person den Friedensnobelpreis, erhält diese sofort mehr Anerkennung und einen höheren Einfluss. Mutter Teresa sollte bald die Auswirkungen der neu erlangten internationalen Berühmtheit zu spüren bekommen.

Kapitel 6

KRIEG, HUNGER, KRANKHEIT

Während der 1980er-Jahre zog Mutter Teresa den maximalen Nutzen aus der Bekanntheit, die sie durch die Verleihung des Friedensnobelpreises erhalten hatte. Sie flog um die Welt, um neue Niederlassungen ihres Ordens zu gründen und um auf dramatische Weise in Krisengebieten einzuschreiten. Sie war zwar bereits über siebzig Jahre alt, doch sie schien über genauso viel Energie zu verfügen wie jeder einzelne der idealistischen jungen Rucksacktouristen aus dem Westen, die mittlerweile in Scharen vor der Tür des Mutterhauses in Kalkutta auftauchten, um die Schwestern bei ihrer Arbeit mit den Armen zu unterstützen und dadurch vielleicht einen tieferen Sinn in ihrem eigenen Leben zu finden. Viele, die gehofft hatten, Mutter Teresa persönlich zu begegnen, wurden enttäuscht. Falls sie sie dennoch trafen, dann entsprach sie sicher nicht dem Bild der selbst ernannten spirituellen Gurus, für die Indien mittlerweile bekannt geworden war.

Mutter Teresa erhielt mittlerweile Säcke voller Briefe von Menschen, die sie einluden, eine Rede zu halten oder an einer Konferenz teilzunehmen (Sie witzelte einmal, dass ein Bischof ihr prophezeit hätte, dass sie ihre Zeit im Fegefeuer damit verbringen würde, Briefe zu schreiben, da sie so nachlässig im Beantworten ihrer Post war). 1980 hielt sie sogar eine Rede vor dem bischöflichen Konzil, was für eine Frau durchaus ungewöhnlich war. In der für sie typischen Art beschrieb sie es als einen Aufenthalt unter »all den wichtigen Menschen der Kirche«[1]. Im darauffolgenden Jahr wurde sie zu einem Mittagessen im Weißen Haus gemeinsam mit Präsident Ronald Reagan und seiner Frau Nancy eingeladen.

Ihre Bekanntheit ging weit über die katholische Kirche hinaus. Sie hatte den *Bharat Ratna*-Orden, die höchste zivile Auszeichnung Indiens, verliehen bekommen und war damit die erste Person, die außerhalb Indiens geboren worden war und diesen Verdienstorden bekommen hatte.

Einige ihrer Besuche sorgten jedoch für Verwunderung. Nachdem sie 1980 an einer Konferenz zur natürlichen Familienplanung in Guatemala

Präsident Ronald Reagan
und Nancy Reagan begrüßen
Mutter Teresa im Weißen
Haus, 20. Juni 1985. Mutter
Teresa nutzte ihren Kontakt
zu Ronald Reagan, um Hilfe
für Äthiopien zu organisieren.

teilgenommen hatte, flog sie nach Haiti, um eine Medaille von Diktator Jean Claude »Baby Doc« Duvalier und seiner Frau Michele entgegenzunehmen. Das Paar war bekannt dafür, ihre Untertanen in Armut leben zu lassen, während sie selbst einen luxuriösen Lebensstil pflegten, weshalb die Journalisten entsetzt waren, als Mutter Teresa ihnen in Bezug auf Mrs Duvalier erklärte, dass sie es »noch nie gesehen hätte, dass arme Menschen so vertraut mit ihrem Staatsoberhaupt sind, wie es diese Leute mit ihr sind. Es war eine wunderschöne Erfahrung für mich. Ich habe etwas von ihnen gelernt.«[2] 1986 legte sie einen ungeplanten Zwischenstopp in Kuba ein und traf Präsident Fidel Castro, dessen pro-sowjetisch eingestelltes Regime nicht gerade gute Beziehungen zum Vatikan unterhielt. Trotzdem schaffte sie es, ihn dazu zu überreden, ihre Schwestern eine Niederlassung in Havanna eröffnen zu lassen.

Ihre häufige Abwesenheit vom Mutterhaus in Kalkutta bereitete ihr jedoch Sorgen und zwar in einem solchen Ausmaß, dass sie Papst Johannes Paul II. darum bat, sie von allen öffentlichen Auftritten zu befreien. Dieser wollte jedoch nichts davon hören, da er sehr wohl wusste, welche unglaubliche Werbung sie für die katholische Kirche war.

BEIRUT

Im August 1982 beschloss Mutter Teresa, sechs ihrer Schwestern in einer Schule im Osten Beiruts im Libanon zu besuchen. Mit ihr unterwegs waren Ann und Jeanette Petrie, zwei Amerikanerinnen, denen sie die Genehmigung erteilt hatte, einen Film über ihre Arbeit zu drehen.

Das kleine Bergland, das zwischen Syrien und Israel am Ende des Mittelmeers liegt, befand sich seit 1975 im Bürgerkrieg, an dem sowohl verschiedene christliche, muslimische und drusische Milizen als auch die Staaten Israel und Syrien sowie die Palästinensische Befreiungsorganisation (PLO) beteiligt waren. Im Zentrum des Konflikts standen die Palästinenser, die ihre Heimat im Zuge der Unruhen zwischen Arabern und Israelis zwischen 1946 und 1948 und dem sechstägigen Krieg 1967 verloren hatten und von denen viele mittlerweile in Flüchtlingslagern lebten.

Nach dem versuchten Mordanschlag auf den israelischen Botschafter in London durch eine Gruppe Palästinenser zwei Monate zuvor waren israelische Gruppen in den Libanon eingedrungen und hatten zunächst die PLO-Basis-

stationen im Süden des Landes angegriffen, bevor sie ihre Panzer in Richtung der Hauptstadt Beirut entsandt hatten.

Der Libanon, dessen Bevölkerung beinahe zu gleichen Teilen aus Muslimen und Christen bestand, war in dieser Hinsicht einzigartig im Mittleren Osten. Politisch gesehen neigten die Christen dazu, sich mit den Israelis und dem Westen zu verbünden, während die Muslime sich den arabischen Staaten anschlossen.

Quer durch die Stadt verlief die sogenannte Grüne Linie, die den christlichen Osten vom muslimischen Westen trennte. Jeder, der versuchte, die Linie zu überqueren, riskierte, von Heckenschützen angeschossen oder von Bewaffneten in ein Auto gezerrt zu werden, in dem er schließlich einem ungewissen Schicksal entgegenfuhr.

Seit der Eröffnung ihrer ersten Niederlassung im Mittleren Osten, nämlich in Amman in Jordanien im Jahre 1970, hatten die Missionarinnen der Nächstenliebe weitere Niederlassungen in Gaza, im Jemen und 1979 auch im Libanon eröffnet.

Es war Mutter Teresas erster Aufenthalt in einem Kriegsgebiet. Sobald sie an Land gegangen war, sah sie das volle schreckliche Ausmaß der Gewalt. Viele der Hotels, Geschäfte und Wohnanlagen in den ehemals eleganten und von Bäumen gesäumten Straßen waren ausgebrannt, verkohlte Fahrzeuge lagen verlassen neben Bergen von Abfall. Viele der Menschen, die es nicht geschafft hatten, dem Artilleriefeuer und den Bombenangriffen auf die Stadt zu entkommen, stellten sich in langen Schlangen vor den Wasserleitungen auf der Straße um Wasser an.

Nachdem sie ihre Schwestern besucht hatte, ließ sich Mutter Teresa vorbei an weiteren zerstörten Häusern zu einem Treffen mit Vertretern des Roten Kreuzes fahren. Als sie diese bat, ihr von ihrem größten Problem zu berichten, erzählten sie ihr von einer Gruppe geistig und körperlich behinderter Kinder und junger Menschen, die im oberen Stockwerk des Dar al-Ajaza al-Islamia-Krankenhauses für Geisteskrankheiten im Westen Beiruts eingeschlossen

Ein israelischer Panzer rollt während des Libanonkrieges durch die mit Schutt übersäten Straßen der Stadt, 1. Januar 1982. Mutter Teresas Rettungsversuch, gemeinsam mit dem Roten Kreuz, war im höchsten Maße gefährlich.

waren. Da sich das Krankenhaus in der Nähe eines palästinensischen Flücht-
lingslagers befand, war es von den Raketen getroffen worden.

Mutter Teresa traf die Art von rascher Entscheidung, für die sie bekannt
war, und bestand darauf, dass die Kinder zu ihrem eigenen Schutz zu ihren
Schwestern gebracht werden sollten. Um die Kinder zu retten, musste man
jedoch die gefährliche Grüne Linie überqueren.

Die Tatsache, dass sie eine Nonne war, bot ihr in Zeiten des Bürgerkrieges
keinen Schutz, wie die Vergewaltigung und Ermordung von drei amerikanischen Nonnen und einer Laienhelferin in El Salvador zwei Jahre zuvor gezeigt
hatte. Wie verwundbar Personen des religiösen Lebens geworden waren, zeigte
ein Vorfall 1981, als ein dreiundzwanzigjähriger Türke mit einer Pistole auf
Papst Johannes Paul II. schoss, als dieser gerade von seinem Papamobil heraus
die Menge auf dem Petersplatz segnete. Obwohl er eine Menge Blut verloren
hatte und sich einer fünfstündigen Operation unterziehen musste, überlebte
der Papst.

Mutter Teresa war sich der Gefahren bewusst, doch alles, was für sie zählte,
waren die Kinder. Sie überredete das Rote Kreuz, sich an ihrem Plan zu beteiligen, und ein Konvoi mit vier Fahrzeugen, an denen weiße Fahnen wehten
und deren Sirenen laut brüllten, machte sich auf den Weg durch die Stadt.
Sie fuhren an ausgebombten Häusern und bewaffneten Männern vorbei und
den Mitarbeitern des Roten Kreuzes war bewusst, dass sie jeden Moment unter
Beschuss geraten konnten.

Als sie bei dem Krankenhaus ankamen, sahen sie, dass die Fenster zersplit-
tert und die zwei obersten Stockwerke zerbombt waren. Im Gebäude fanden sie
siebenunddreißig verängstigte und verstörte Kinder und junge Menschen, die
sich mitten im Staub und Schutt zu einer Gruppe zusammengekauert hatten.
Zusammen mit dem Roten Kreuz und den verbliebenen Bediensteten des Kran-
kenhauses führte Mutter Teresa die hungrigen und angsterfüllten Kinder aus
dem Gebäude und zu den wartenden Fahrzeugen. Sobald er den israelischen

Mutter Teresa mit Indiens
Premierministerin Indira Gandhi
in Neu-Delhi, 18. November
1972. Gandhi bewunderte
Mutter Teresa, obwohl sie in
Bezug auf manche Themen
nicht ihrer Meinung war.

Checkpoint hinter sich gelassen hatte, raste der Konvoi durch die verlassenen Straßen in Richtung des Klosters. Nachdem die Geschichte der wagemutigen Rettungsaktion in der Stadt bekannt geworden war, kamen die Einheimischen herbei und brachten Nahrung, Kleider, Betten und boten medizinische Hilfe an.

Zwei Tage später nahm Mutter Teresa an einer zweiten Rettungsaktion teil, um eine weitere Gruppe von eingeschlossenen Kindern zu retten.

Danach meinte sie:»Ich habe noch nie zuvor einen Krieg erlebt, doch ich habe Hungersnöte und den Tod gesehen. Ich frage mich, was sie wohl fühlen, wenn sie solche Dinge tun? Ich verstehe es nicht. Sie sind alle Kinder Gottes. Warum tun sie das? Ich verstehe es nicht.«[3]

Ein Mitarbeiter des Roten Kreuzes bemerkte:»Alle waren von ihrer Energie verblüfft. Sie erkannte ein Problem, fiel auf die Knie und betete ein paar Sekunden lang; und dann ratterte sie eine Liste an Dingen herunter, die sie brauchen würde ... wir hatten nicht erwartet, dass eine Heilige so effizient sein konnte.«

Ein weiterer Mitarbeiter bezeichnete sie als»eine Mischung aus einem Militärkommandanten und dem hl. Franz von Assisi.«[4]

Ihre dramatische Rettungsaktion führte zu weltweiten Schlagzeilen. Als sie ein Journalist um einen Kommentar bat, las sie das Friedensgebet des hl. Franz von Assisi vor, wie sie es bei der Verleihung des Nobelpreises in Oslo getan hatte. Doch der Frieden lag in weiter Ferne. Im darauffolgenden Monat stürmte eine christliche Miliz zwei palästinensische Flüchtlingslager und metzelte Hunderte Männer, Frauen und Kindern nieder.

Im Oktober 1984 wurde die indische Premierministerin Indira Gandhi von einigen zu den Sikhs gehörenden Mitgliedern ihrer Gruppe von Bodyguards als Rache dafür erschossen, dass sie den indischen Truppen im Juni befohlen hatte, den goldenen Tempel von Amritsar zu stürmen, der als heiligster Schrein der Sikhs galt.

Mutter Teresa war eine der internationalen Würdenträgerinnen, die an

Gandhis Einäscherung in Neu-Delhi teilnahmen. Gandhi und Mutter Teresa hatten sich gegenseitig respektiert, obwohl sie verschiedenen Glaubensrichtungen angehört hatten und in Bezug auf Themen wie Abtreibung, Familienplanung und Sterilisation nicht einer Meinung gewesen waren. Sie hatten sich 1964 zum ersten Mal getroffen, als Gandhi Mutter Teresa in einem Sanatorium besuchte, wo sich diese von einem Autounfall auf einer Straße in der Nähe von Darjeeling erholte. 1973 übergab ihr Gandhi einen Freiflugschein für die Indian Airlines und 1976 verlieh sie ihr das Ehrendoktorat der Visva-Bharati-Universität.

HIV UND AIDS

Im Westen war eine neue tödliche Krankheit entdeckt worden: HIV/Aids. Die ersten Fälle waren 1981 unter Homosexuellen in den Vereinigten Staaten aufgetreten. Es stellte sich bald heraus, dass auch andere Gruppen einem hohen Risiko ausgesetzt waren, von dem Virus befallen zu werden, darunter Menschen, die intravenös Drogen konsumierten, sowie deren Sexualpartner und andere Drogenabhängige, die dieselben Nadeln benutzten.

Die Krankheit wurde von einer Woge der Unwissenheit umgeben. Viele Menschen waren der Meinung, dass sie über Toilettensitze, Handtücher und Tassen, die mit einer infizierten Person in Berührung gekommen waren, übertragen werden konnte.

Mutter Teresa erkannte im Juni 1985 zum ersten Mal die vernichtenden Auswirkungen von Aids, als sie Patienten in der George-Washington-Universitätsklinik in Washington D. C. besuchte.

Wenn Mutter Teresa
eine Idee hatte, war
sie begierig darauf,
diese in die Tat
umzusetzen.

Manche Glaubensgemeinschaften fanden Vergnügen daran, die Krankheit als Strafe Gottes für die Homosexuellen zu betrachten. Wir wissen nicht, was Mutter Teresa persönlich über die Krankheit dachte, die zumindest im Westen oft mit sexuellen Praktiken in Verbindung gebracht wurde, die die katholische Kirche als unnatürlich bezeichnete. Es kann jedoch angenommen werden, dass sie die neue Krankheit auf spiritueller Ebene als Konsequenz einer Welt sah, die Gott aufgegeben hatte.

Als sie das Sing-Sing-Hochsicherheitsgefängnis an den Ufern des Hudson Rivers in New York besuchte, traf sie dort auf Antonio Rivera, Jimmy Matos und Daryl Monsett, drei Männer, die aufgrund ihrer Gewaltverbrechen verurteilt worden waren. Bei allen dreien war klar, dass sie an Aids sterben würden.

Mutter Teresa rief sofort den Gouverneur des Staates New York, Mario Cuomo, an und bat ihn, die Männer in ein Krankenhaus zu überstellen, wo man sie besser versorgen konnte. Obwohl er andere Gesuche bereits abgelehnt hatte, stimmte er ihrer Bitte zu, vielleicht, weil er befürchtete, dass es seiner politischen Glaubwürdigkeit einen enormen Schaden zufügen konnte, wenn er dem Wunsch einer Friedensnobelpreisträgerin, die als lebende Heilige bejubelt wurde, nicht nachkam. Innerhalb von vierundzwanzig Stunden wurden die Männer in einem Krankenhaus in Manhattan aufgenommen.

Wenn Mutter Teresa eine Idee hatte, war sie begierig darauf, diese auch in die Tat umzusetzen. Wenn nun Aids tatsächlich zur neuen Lepraerkrankung des Westens geworden war, wie manche behaupteten, dann würde sie es sich zur Aufgabe machen, für jene zu sorgen, die zurückgewiesen wurden, so wie sie es für die Leprakranken in Kalkutta getan hatte.

Am Heiligen Abend 1985 eröffnete sie in einer ehemaligen Pfarre im Greenwich Village in Downtown Manhatten das *Gift of Love* (*Geschenk der Liebe*)-Hospiz, das Unterkunft für vierzehn Männer bot. Im darauffolgenden Jahr eröffnete sie auf Einladung von Erzbischof James Hickey ein zweites Aids-Hospiz in einem ehemaligen Kloster in einem begrünten Mittelklasse-Vorort im Nordosten von Washington D. C. Die Erzdiözese betonte, dass die Niederlassung der Missionarinnen der Nächstenliebe vor allem eine religiöse Gemeinschaft beherbergen und keine medizinische Einrichtung sein sollte. Im Gegensatz zum Greenwich Village erfuhr sie hier jedoch erbitterten Widerstand der Anwohner. Kathryn Spink schrieb in ihrem Buch *Mutter Teresa: Eine autorisierte Biografie* (Mother *Teresa: An Authorized Biography*), dass einige der Anrainer der Meinung waren, Aids könne durch die Luft übertragen werden:»Eine Nachbarin meinte sogar, dass ein gebrauchtes Taschentuch aus dem Müll fallen und in ihren Garten geweht werden könnte, wo es ihre Tochter aufheben und sich so mit der Krankheit anstecken würde.«[5] Andere Einwände betrafen das Hospiz selbst. Es könnte ja die Immobilienpreise mindern. Und würde Homosexuelle beherbergen.

Der Plan für ein Hospiz hatte jedoch mächtige und einflussreiche Befürworter, unter ihnen der Generalstabsarzt der Vereinigten Staaten, der Direktor des nationalen Institutes für Infektionskrankheiten und das von den Jesuiten geleitete Medizinzentrum der Georgetown-Universität. Der Plan für das *Gift of Love*-Hospiz entwickelte sich weiter und im November übersiedelten die ersten Patienten aus dem örtlichen Krankenhaus.

Mutter Teresa sagte über ihre Arbeit mit Aids-Patienten:»Wir sind nicht dazu da, um über diese Menschen zu richten, um über Schuld und Verantwortung zu entscheiden. Unsere Mission ist es, ihnen zu helfen und ihr Sterben erträglicher zu machen.«[6]

Jenen, die meinten, dass der Staat das hätte tun können, was ihre Schwestern taten, sagte Mutter Teresa einmal:»Der Staat kann viele Dinge zur Verfügung stellen – außer sanfter Liebe und Fürsorge. Und nicht nur das. Wir sind keine Sozialarbeiterinnen; wir verrichten vielleicht soziale Arbeit, aber wir sind keine Sozialarbeiterinnen, denn tatsächlich versuchen wir, direkt im Herzen der Welt als Kontemplative zu wirken, denn wir nehmen Christus beim Wort.

Nachdem sie so viele Jahre in Kalkutta verbracht hatte, kannte Mutter Teresa das Leid, das der Hunger verursachte, doch es ist anzunehmen, dass sie es noch nie in einem solchen Ausmaß gesehen hatte wie bei ihrem Besuch in Äthiopien im Jahre 1985.

Er sagte: ›Das hast du mir getan.‹ Und so berühren wir ihn vierundzwanzig Stunden am Tag.«[7]

Als Mutter Teresas fünfundsiebzigster Geburtstag immer näher rückte, schrieb sie ihren Schwestern einen Brief, in dem sie diese bat, eine andere Generaloberin zu wählen, da sie nur noch eine »einfache Schwester« sein wolle. Ihr Wunsch wurde jedoch ignoriert und sie wurde wiedergewählt.

Trotz ihres Alters war ihr Gefühl der Abwesenheit Gottes noch immer nicht ganz verschwunden. So erklärte sie dem belgischen Jesuiten Pater Albert Huart, der den Rückzug vor dem allgemeinen Domkapitel leitete, dass es ihr zwar möglich war, gegenüber den Schwestern und anderen Menschen über die Liebe Gottes zu sprechen, dass sie selbst sich jedoch nicht mit Gott verbunden fühlte. Das war ein Gegensatz, den sie immer noch nicht vollkommen akzeptieren konnte.

Jemand anderes, der ebenfalls einen Kampf mit Gott ausgetragen hatte, hatte jedoch schlussendlich die Erlösung gefunden: 1982 trat Malcolm Muggeridge im Alter von neunundsiebzig Jahren der katholischen Kirche bei und bezeichnete es als eine Art Heimkehr. Er schrieb:»Ich glaube, dass sich in unserem spirituellen Leben unter der Oberfläche eine Art Prozess abspielt, sodass nach Jahren des Zweifels und der Unsicherheit plötzlich Klarheit und Gewissheit zum Vorschein kommen, und wie ein Blinder, der wieder sehen kann, sagen wir: ›Nur das eine weiß ich, dass ich blind war und jetzt sehen kann.‹«[8]

ÄTHIOPIEN

Nachdem sie so viele Jahre in Kalkutta verbracht hatte, kannte Mutter Teresa das Leid, das der Hunger verursachte, doch es ist anzunehmen, dass sie es noch nie in einem solchen Ausmaß gesehen hatte, wie bei ihrem Besuch in Äthiopien im Jahre 1985. Die Missionarinnen der Nächstenliebe arbeiteten vor Ort, seit sie 1973 eine Niederlassung in Addis Abeba eröffnet hatten. Weitere drei

Häuser waren gefolgt und eine Gruppe von Schwestern lebte in einem Flüchtlingslager.

Wenig Niederschlag im Frühling und der Ausbruch einer Krankheit hatten zu einem Ernteausfall geführt, sodass die kommunistische Regierung im März 1984 warnte, dass fünf Millionen Menschen in Gefahr waren, zu verhungern. Die Regierung klagte, dass das Land lediglich 6,2 Millionen Tonnen Getreide produzieren könne, eine Million weniger als tatsächlich gebraucht wurde. Zu allem Überfluss befand sich das Land im Bürgerkrieg.

Im Oktober 1984 schickte der BBC-Journalist Michael Buerk einen Film über die – wie er sie nannte –»biblische Hungersnot« nach Hause: Bilder von unterernährten Kindern, Menschen, die im Boden nach ein paar Körnern Reis scharrten, und Menschenmassen, die auf der Suche nach Nahrung Hunderte Kilometer weit durch das ausgetrocknete Land wanderten, schockierten die westliche Bevölkerung und zwangen die Regierungen im Westen, zu handeln. Buerk beschrieb seinen Besuch in Korem im Norden des Landes mit einem unvergesslichen Satz:»Die Arbeiter hier sagen, dass dieser Ort wie die Hölle auf Erden ist.«[9]

Die westlichen Regierungen und die EU boten keine rasche Hilfe an. Diese Tatsache ist umso erschreckender, da sich Europa in diesem Jahr über eine ertragreiche Ernte hatte freuen dürfen.

Mutter Teresa forderte den Westen auf, die Flüchtlingslager zu übernehmen, die die Regierung Äthiopiens eingerichtet hatte, um die riesige Menge an Menschen unterzubringen, die auf der Suche nach Nahrung ihre Heimatdörfer verlassen hatten. Ihr Einfluss war mittlerweile so groß, dass es ihr möglich war, Ronald Reagan, den Präsidenten der Vereinigten Staaten, im Weißen Haus anzurufen. Sie war immer der Meinung gewesen, dass die reicheren Staaten eine moralische Verpflichtung hatten, den ärmeren Nationen zu helfen. Dieser Gedanke lag auch der Enzyklika *Populorum Progressio* zugrunde, die Papst Paul VI. 1967 veröffentlicht hatte.

Es waren jedoch Popstars und nicht Politiker, die am entschlossensten auf die Bilder der Hungerleidenden in Äthiopien reagierten. Vor allem ein Künstler zeigte sich von den Bildern der leidenden Menschen in Buerks Reportage besonders betroffen: Bob Geldof, der Leadsänger der irischen Band Boomtown Rats. Er gab bekannt, ein riesiges Popkonzert veranstalten zu wollen, um Geld für die Opfer der Hungersnot zu sammeln, und klang dabei wie ein zorniger Prophet aus dem Alten Testament. Im Vorfeld versammelte er eine beeindruckende Gruppe der bekanntesten Popmusiker Europas um sich, darunter Sting, Phil Collins, David Bowie und Bono; und sie gründeten gemeinsam die Gruppe Band Aid, mit der sie den Popsong »Do They Know It's Christmas?« aufnahmen.

Mutter Teresa und Bob Geldof trafen sich zufällig in der Abflughalle des Flughafens in Addis Abeba. Sie waren ein seltsames Paar: sie eine runzelige ältere Frau, die sich in einen Sari hüllte, und er ein unrasierter, arroganter Rockstar mit zerzausten Haaren und einem Hang zu Schimpfwörtern.

Obwohl er in einer katholischen Familie aufgewachsen war, stand Geldof der katholischen Kirche äußerst kritisch gegenüber. Man könnte also annehmen, dass er eine gewisse Coolness an den Tag legte, als er Mutter Teresa traf. Stattdessen bezeichnete er sie als »die lebende Verkörperung des moralisch Guten«. Seine Beschreibung war äußerst scharfsichtig: »Sie hatte nichts Weltfremdes oder Göttliches an sich. Die Art, wie sie mit den Journalisten sprach, bewies, dass sie die Medien genauso geschickt manipulieren konnte wie jeder mächtige PR-Experte. Sie zieht ihre ›Ach je, ich bin doch bloß eine gebrechliche

Ein zufälliges Treffen zweier einflussreicher Menschen, die auf die
Hungersnot in Äthiopien reagiert
hatten. Bob Geldof und Mutter
Teresa trafen sich am 7. Januar 1985
am Flughafen von Addis Abeba.
Er war vor Ort, um die Verwendung
von sechs Millionen Pfund zu über-
wachen, die die BAND-AID-Single
»Do They Know It's Christmas«
eingespielt hatte.

»Sie hatte nichts Weltfremdes
oder Göttliches an sich.
Die Art, wie sie mit den
Journalisten sprach, bewies,
dass sie die Medien genauso
geschickt manipulieren
konnte wie jeder mächtige
PR-Experte.«

alte Frau‹-Nummer ab. Sie war ungeheuerlich brillant. Sie legte keine falsche Bescheidenheit an den Tag und sie war sich ihres Zieles so sicher, dass sie kaum Geduld hatte.«[10]

Im Juli 1985 organisierte Geldof zwei Live-Aid-Konzerte, eines im Wembley Stadion in London und eines im JFK-Stadion in Philadelphia. Beide Konzerte wurden weltweit im Fernsehen übertragen und Berichten zufolge von 1,5 Millionen Menschen in 160 Ländern verfolgt; es wurden etwa 40.000.000 Pfund für Äthiopien gesammelt.

Die Missionarinnen der Nächstenliebe wuchsen weiter. 1986 wurden sechsundzwanzig neue Niederlassungen in siebzehn Ländern eröffnet, darunter Polen, Griechenland, Japan, Sudan, Kanada, Puerto Rico und Kuba. Der Mönchsorden der Missionsbrüder der Nächstenliebe breitete sich ebenfalls weiter aus und eröffnete eine Niederlassung in der südlichen Bronx.

Mutter Teresa unterteilte den Orden in zwölf Teilgruppen, um die Verwaltung der gewaltigen Organisation zu vereinfachen. Ihr Ziel war es, eine Niederlassung in jedem Land der Welt zu eröffnen. Wie ein General, der einen Feldzug plant, saß sie über eine Karte gebeugt da und studierte die Länder, in die sie ihre Schwestern noch nicht geschickt hatte.

Ihre Reisen verliefen jedoch nicht immer ohne ernsthafte Zwischenfälle. Im Oktober 1986 besuchte sie Tabora in Tansania, um zu sehen, wie sieben ihrer Schwestern ihr letztes Gelübde ablegten. Sie plante, von dort aus in den Sudan zu fliegen, um im Süden des Landes ein Haus für die Opfer des Bürgerkrieges zu eröffnen. Als das gecharterte Flugzeug von der Landebahn starten wollte, pflügte es durch die Menge, die sich versammelt hatte, um sie zu verabschieden. Drei Kinder, eine Schwester der Missionarinnen der Nächstenliebe und der Leiter des Leprazentrums kamen ums Leben.

PAPST JOHANNES PAUL II. BESUCHT INDIEN

1986 kam Papst Johannes Paul II. zweiundzwanzig Jahre nach Papst Paul VI. im Rahmen eines pastoralen Besuches nach Indien. Am dritten Tag seines Aufenthaltes kam er in Kalkutta an. Mutter Teresa war vor Ort, um ihn bei seinem Besuch im Nirmal Hriday Sterbehaus zu begrüßen. Als das Papamobil vorfuhr, kletterte sie hinein und beugte sich nieder, um seine Hand zu küssen. Er gab ihr einen Kuss auf den Kopf. Freudestrahlend stellte sie ihm danach den Leiter des Kali-Tempels vor und legte ihm eine Girlande um den Hals.

Der Papst bewegte sich unter den Kranken und Sterbenden, umarmte manche von ihnen und segnete andere. An seinem Gesicht konnte man erkennen, wie sehr ihn das, was er sah, bewegte. Gleich nachdem er nach Rom zurückgekehrt war, lud er die Missionarinnen der Nächstenliebe ein, ein Sterbehaus im Vatikan zu eröffnen.

In seinem Buch *Zeuge der Hoffnung*, einer autorisierten Biografie über Papst Johannes Paul II., schreibt George Weigel:»Die Berater des Papstes hielten das für unmöglich. Wie konnte man Arme und Vagabunden in den Vatikan einlassen? Was war mit der Sicherheit? Papst Johannes Paul II. beharrte jedoch weiterhin darauf und schon bald hatte man eine Lösung gefunden – man übernahm und renovierte ein Gebäude am Rande des Vatikans neben der Kongregation für die Glaubenslehre, jedoch immer noch innerhalb der Mauern des Vatikans.«[11]

Im Juni 1987 segnete Papst Johannes Paul II. den Grundstein für das Haus, das als Geschenk Marias für die Ärmsten bezeichnet wurde, und ein Jahr darauf folgte die Eröffnung. Im Haus waren Männer- und Frauenschlafsäle für siebzig Personen, ein Speisesaal und eine Küche untergebracht, mit deren Hilfe pro Tag hundert Obdachlose versorgt werden konnten.

Papst Johannes Paul II.
besuchte Indien 1986
und zeigte sich nach
seinem Besuch im Nirmal
Hriday tief berührt.

OSTEUROPA

Mutter Teresa stammte ursprünglich aus Osteuropa. Diese Tatsache geriet leicht in Vergessenheit, da ihr Sari und ihr Akzent den Eindruck erweckten, sie käme aus Indien. Beinahe immer wurde sie als »Mutter Teresa von Kalkutta« bezeichnet. Sie sagte einmal: »Was mein Blut und meine Herkunft betrifft, bin ich durch und durch Albanerin. Ich bin indische Staatsbürgerin. Ich bin eine katholische Nonne. Was meine Berufung betrifft, gehöre ich der ganzen Welt. Was mein Herz betrifft, gehöre ich vollkommen dem Herzen Jesu.«[12] Ihre beiden Heimatländer Mazedonien und Albanien befanden sich mittlerweile unter kommunistischer Herrschaft.

Manche waren überrascht, dass sie sich Papst Johannes Paul II. nicht anschloss, wenn sich dieser gegen den Kommunismus und seine atheistische Ideologie aussprach. Das hätte jedoch bedeutet, dass sie immer mehr in die Welt der internationalen Politik eingetreten wäre, was sie nicht als Teil ihrer Berufung ansah.

Es ist paradox, dass Albanien 1967 das erste Land der Welt werden sollte, das die Religion verbannte und sich als atheistisch deklarierte; es war immerhin dasselbe Land, das auch Anspruch auf eine der größten religiösen Persönlichkeiten des Jahrhunderts erheben konnte. Diktator Enver Hoxha ging jedoch bei der Verbannung der Religion

Mutter Teresa spricht während einer Messe in einer Kirche in Tirana, Albanien, zu einer Gruppe von Kindern.

sehr brutal vor: Er verbot Gottesdienste und ließ Kirchen, Klöster und Moscheen schließen oder zerstören. Dutzende Priester und Imame wurden verhaf-
tet und hingerichtet.

Im Gegensatz dazu waren die Menschen in Mazedonien stolz darauf, dass
eine von ihnen den Friedensnobelpreis gewonnen hatte. Als Mutter Teresa
1970 auf Einladung des Roten Kreuzes Skopje besucht hatte, war sie noch relativ unbekannt gewesen. Als sie 1980 als Gast der Stadtverwaltung wiederkam,
rollte man den roten Teppich für sie aus. Kurze Zeit später eröffneten vier ihrer
Schwestern – zwei Inderinnen, eine Frau aus Malta und eine aus Albanien –
in einem heruntergekommenen Teil der Stadt eine Niederlassung, ihre erste
hinter dem Eisernen Vorhang.

Im Dezember 1987 flog Mutter Teresa nach Moskau. Als sie aus dem Flugzeug stieg, trug sie eine Marienstatue bei sich, die sie in weiße Baumwolle
gewickelt hatte. Das muss die wartenden Würdenträger überrascht haben. Es
ist unwahrscheinlich, dass sie wussten, dass Mutter Teresa wie viele andere
Katholiken daran glaubte, dass die Jungfrau Maria 1917 drei Kindern in
Fatima in Portugal erschienen war und darum gebeten hatte, dass Russland
ihrem unbefleckten Herz geweiht werden möge, was bedeutete, dass der Papst
sie darum bitten sollte, für die Konvertierung der russischen Menschen zu
beten. Indem sie die Statue mit nach Russland nahm, signalisierte Mutter
Teresa ihre Treue zur Jungfrau Maria und zeigte, dass sie die Wichtigkeit der
Botschaft von Fatima anerkannte.

Mutter Teresa wurde auf ihrer Reise von Ann und Jeanette Petrie begleitet,
deren Film über ihr Leben, der im Rahmen des Moskauer Filmfestivals einen
Preis gewonnen hatte, der unmittelbare Grund dafür gewesen war, dass Mutter
Teresa von der sowjetischen Führung nach Russland eingeladen worden war.
Die beiden Schwestern hatten fünf Jahre lang gebraucht, um den Film fertigzu-
stellen, und hatten Mutter Teresa dabei auf Reisen in zehn verschiedene Länder
begleitet.

Am nächsten Tag nahm sie an der Messe in der katholischen Kathedrale der Stadt teil, traf orthodoxe Würdenträger und flog weiter nach Kiew, der Hauptstadt der Ukraine. Danach wurden ihr Familien vorgestellt, die nach der furchtbaren Explosion des Atomkraftwerks Tschernobyl evakuiert worden waren.

Im Dezember 1988 besuchte sie Moskau noch einmal, dieses Mal, um gemeinsam mit der sowjetischen Führung ein Abkommen zu unterzeichnen, das die Eröffnung einer Niederlassung in der Stadt regelte. Es wurde vereinbart, dass die Schwestern zunächst in einem alten Krankenhaus leben sollten bis sie eine geeignete Unterkunft fanden.

Von Moskau aus flog sie nach Armenien. Einige Tage zuvor hatte dort ein starkes Erdbeben 45.000 Tote gefordert und 500.000 Menschen obdachlos gemacht. In Leninakan traf sie den sowjetischen Premierminister Nikolai Ryschkow und bot ihm an, einige ihrer Schwestern zu schicken, damit diese den Opfern helfen konnten. In der darauffolgenden Woche kamen vier Schwestern in Begleitung eines Priesters in der Industriestadt Spitak an, die zum Großteil von dem Erdbeben zerstört worden war und wo 50.000 der Einwohner gestorben waren.

Nachdem sie einmal in Osteuropa Fuß gefasst hatte, war Mutter Teresa begierig darauf, diesen Vorteil zu nutzen. Sie gründete eine zweite Niederlassung in Moskau und eine in Georgien. Bald darauf folgten ein Waisenhaus für aidskranke Kinder in Rumänien, eine Suppenküche in Budapest und eine Niederlassung in der damaligen Tschechoslowakei.

1989 besuchte sie auf Einladung Ramiz Alias, der 1985 als Präsident Diktator Enver Honxha nachgefolgt war, Albanien. Mit dieser Einladung ließ die albanische Regierung die Welt wissen, dass sie von der harten Linie, die man gegenüber der Religion eingeschlagen hatte, Abstand nahm, eine Einstellung, die weiter untermauert wurde, als im Jahr darauf die erste Messe gefeiert wurde, seit sich Albanien zum weltweit ersten atheistischen Staat ernannt hatte. Der Gottesdienst wurde von dem Erzbischof von Shkoder, Simuni Yubani, geleitet, der die letzten 22 Jahre im Gefängnis verbracht hatte, weil er sich dem Verbot widersetzt hatte, öffentliche Messen zu feiern.

Nachdem sie Krankenhäuser und Pflegeheime besucht hatte, wurde Mutter Teresa auf den Märtyrerfriedhof auf einem Hügel oberhalb der Hauptstadt Tirana gebracht. Dort stand sie neben Hoxhas Witwe und legte einen Kranz auf sein Grab. Das erscheint verwunderlich, wenn man bedenkt, welche furchtbaren Verbrechen Hoxha gegenüber der katholischen Kirche verübt hatte. Hatte sie sich als Symbol der Vergebung dazu entschlossen? Oder war es vielleicht ein Versuch, die albanische Regierung milde zu stimmen, damit diese ihr erlaubte, ihre Schwestern ins Land zu schicken? Was ihre Motive dafür auch gewesen sein mögen, als Mutter Teresa Albanien verließ, hatte sie die Erlaubnis, zwei Niederlassungen zu eröffnen. Als sie 1993 anlässlich eines Besuches von Papst Johannes Paul II. zurückkehrte, hatte sie bereits sieben Niederlassungen gegründet.

DER FERNE OSTEN

Zu dieser Zeit teilte nicht nur der Eiserne Vorhang die Welt, sondern auch der sogenannte Bambusvorhang. Mutter Teresa war vor allem Missionarin. Wie der Jesuit Matteo Ricci und der hl. Franz Xaver 400 Jahre zuvor, betrachtete sie den Fernen Osten als eine Grenze, die es zu überwinden galt. Sie hatte begonnen, in der Region Fuß zu fassen und sechs Niederlassungen auf den Philippinen, fünf in Papua Neuguinea und weitere in Hongkong, Macao, Südkorea, Taiwan und Japan gegründet. Ihr Traum, den sie schon 1960 gegenüber Papst Paul VI. geäußert hatte, war jedoch, eine Niederlassung in China zu gründen. 1985 erhielt sie ihre erste Einladung nach China. Sie kam von der katholisch-patriotischen Vereinigung, die 1957 von der kommunistischen Regierung Chinas gegründet worden war. Durch diese Organisation war die katholische Kirche in zwei Lager geteilt worden: in jene, die sich dem Vatikan gegenüber loyal zeigten, und jene, die sich mit der inoffiziellen Kirche solidarisch zeigten, die Bischöfe ohne die Erlaubnis des Vatikans weihte.

Während ihres viertägigen Aufenthaltes besuchte Mutter Teresa ein Altersheim in Peking sowie eine Fabrik, die behinderte Arbeiter einstellte, und ging zur heiligen Messe. Darüber hinaus traf sie Deng Pufang, den Gründer des chinesischen Behindertenverbandes, und den Sohn des früheren Generalsekretärs der kommunistischen Partei, Deng Xiaoping. Als einer der höheren Beamten sie fragte:»Was ist für Sie ein Kommunist?«, antwortete sie:»Ein Kind Gottes.«[13] Am nächsten Morgen berichteten die chinesischen Zeitungen darüber, dass Mutter Teresa gesagt habe, Kommunisten seien Kinder Gottes. Später erzählte sie einem Journalisten, dass sie das glücklich gemacht habe, da zum ersten Mal seit langer Zeit wieder das Wort»Gott« in einer chinesischen Zeitung abgedruckt worden war.

GESUNDHEITLICHE PROBLEME

Obwohl sie bereits über siebzig Jahre alt war, legte Mutter Teresa eine unglaubliche Energie, Freude und Zielstrebigkeit an den Tag, wenn es darum ging, neue Niederlassungen auf der ganzen Welt zu gründen und ihre Botschaft der Liebe und des Mitgefühls in die Krisengebiete der Welt zu tragen. Doch langsam machten ihr gesundheitliche Probleme zu schaffen.

1983 wurde sie während ihres Aufenthaltes im Kloster ihrer Schwestern auf dem Caelius in Rom in das Salvator Mundi Krankenhaus eingeliefert. Nach einem Monat wurde sie von dort in das Gemelli Krankenhaus überstellt, ein großes katholisches Lehrkrankenhaus, in dem Papst Johannes Paul II. nach dem Mordversuch 1981 behandelt worden war. Ein Arzt teilte den Medien mit, dass sie aufgrund ihrer schwachen Durchblutung behandelt wurde und Schmerzmittel bekam. Es ist unklar, ob sie tatsächlich einen Herzinfarkt gehabt hatte, wie manche Zeitungen berichteten.

Im September 1989 kehrte sie nach einem kurzen Besuch in Albanien, wo sie sich mit dem Präsidenten getroffen hatte, um die mögliche Eröffnung einer Niederlassung zu besprechen, nach Kalkutta zurück und wurde bald darauf in das Woodlands Sanatorium eingeliefert, wo die Ärzte eine Blockade im Herzen feststellten. Es scheint, als wäre unter anderem ein Malariabefall der Grund dafür gewesen.

Der Herzspezialist, der sie sechs Jahre zuvor in Rom behandelt hatte, wurde eingeflogen und sie erhielt einen einstweiligen Herzschrittmacher. Im Oktober kehrte sie ins Mutterhaus zurück, doch einige Wochen später wurde sie wieder in das Sanatorium eingeliefert, da sie unter Schwindelanfällen litt. Sie musste sich einer schweren Operation unterziehen und erhielt einen permanenten Herzschrittmacher.

Nachdem sich ihr Zustand immer weiter verschlechterte, schrieb sie an Papst Johannes Paul II. und bat ihn, als Oberin der Missionarinnen der Nächstenliebe zurücktreten zu dürfen, und darum, dass das für 1991 geplante Dom-

17. September 1989:
Eine Schwester der
Nächstenliebe betet für
Mutter Teresas Genesung,
nachdem diese sich einer
schweren Herzoperation
unterziehen musste.

kapitel um ein Jahr vorverlegt werden konnte. Im September 1990 kamen die Schwesteroberinnen der zwölf Teilgruppen des Ordens nach Kalkutta, um eine neue Generaloberin zu wählen. Der Orden umfasste mittlerweile 3.500 Mitglieder und 425 Niederlassungen in 95 Ländern. Im Monat zuvor waren Niederlassungen in Grenada und Äthiopien eröffnet worden und es gab Pläne, ein Heim für aidskranke Kinder in Kambodscha zu errichten.

Wenn ein neuer Papst gewählt wird, können die Journalisten über die Kandidaten diskutieren und auf einen möglichen Ausgang der Wahl spekulieren. Doch die Missionarinnen der Nächstenliebe waren mit Mutter Teresa gleichzusetzen. Im Gegensatz zu den Kardinälen kannte die Welt ihre anderen Schwestern praktisch gar nicht. Trotzdem war es eine ziemliche Überraschung, als Mutter Teresa wiedergewählt wurde. In der für sie typischen pragmatischen und mildernden Art sagte sie zu den Journalisten:»Wenn es Gottes Wille ist, werde ich Gott auf die Art dienen, die er sich wünscht.«

Sie rettete Kinder, die mitten im Bürgerkrieg gefangen waren, sie gründete Sterbehäuser für Aidskranke, sie half den Opfern der Hungersnot in Äthiopien – kaum jemand wird sie für diese Arbeit kritisieren. Gänzlich anders verhält es sich jedoch mit ihren Ansichten zu den Themen Frauen und Sex.

Kapitel 7

LIEBE UND SEX

Mutter Teresas Einsatz für die Armen in Indien, Äthiopien und anderswo auf der Welt blieb unangefochten, doch der Standpunkt, den sie zum Thema Abtreibung vertrat, sorgte für Kontroversen. Ihrer Ansicht nach gehörte auch ein ungeborenes Kind zu den Ärmsten der Armen. Sie erklärte jedem, der ihr Gehör schenkte, dass das Leben zum Zeitpunkt der Empfängnis beginnt. Sie glaubte daran, dass der Fötus nicht bloß ein Punkt, sondern ein Mensch und damit heilig sei, da ihn Gott erschaffen hatte. Sie war der Meinung, dass keine Frau das Recht hatte, einem anderen Lebewesen das Leben zu nehmen. Ihre Rede bei der Nobelpreisverleihung hatte gezeigt, dass es ihr egal war, wenn sie sich unbeliebt machte, und so wiederholte sie die Kernaussage ihrer Rede 1985 vor der Generalversammlung der Vereinten Nationen in New York noch einmal.

Den Gruppierungen, die sich gegen Abtreibung aussprechen, weil sie behaupten, für das Leben zu sein, wird oft vorgeworfen, dass sie anderen Formen des Lebens nicht denselben Wert zusprechen: also zum Beispiel den Armen, vernachlässigten Babys und Kindern und Kriegsopfern. Dieser Vorwurf kann gegenüber Mutter Teresa nicht geltend gemacht werden. Tatsächlich war die einzige katholische Lehre, die sie öffentlich ablehnte, der gerechte Krieg.

Trotzdem kritisierten sie einige Lager dafür, dass sie sich nicht zu anderen strittigen Themen äußerte. Die *New York Times* berichtete beispielsweise, dass sie von Journalisten während ihres Besuches im Khayelitsha Township in der Nähe von Kapstadt 1988 um einen Kommentar zum Thema Apartheid gebeten worden und der Frage ausgewichen war. Auch wenn niemand jemals davon ausging, dass sie die rassistische Politik der Regierung Südafrikas unterstützte, waren manche der Meinung, dass sie sich mit demselben Eifer dagegen hätte aussprechen sollen, mit dem sie häufig gegen die Abtreibung protestierte.

Mutter Teresa wurde niemals müde, sich gegen die Abtreibung auszusprechen, wie hier in New York im März 1984.

ABTREIBUNG

Im Westen waren die Abtreibungsbefürworter auf dem Vormarsch. Abtreibung hatte für sie etwas mit dem Recht und der Freiheit der Frauen zu tun, über sich und ihren Körper selbst zu bestimmen. Im Jahre 1967 wurde die Abtreibung in Großbritannien legalisiert, 1973 in den Vereinigten Staaten von Amerika und 1975 in Frankreich und Österreich. Italien, das katholischste Land der Welt, folgte 1978 und erlaubte Abtreibungen in den ersten neunzig Tagen der Schwangerschaft.

In Osteuropa, Afrika, Lateinamerika und Asien lagen die Dinge jedoch anders. In manchen Ländern waren Abtreibungen in einigen Fällen zwar erlaubt – wenn es darum ging, das Leben einer Frau zu retten oder ihre körperliche bzw. geistige Gesundheit zu schützen, und in manchen Fällen auch nach Vergewaltigungen –, doch im Gegensatz zu Nordamerika und Teilen Westeuropas war eine Abtreibung aus rein sozialen und/oder wirtschaftlichen Gründen nicht erlaubt; dies waren die Hauptgründe für Abtreibungen im Westen. In Indien waren Abtreibungen jedoch 1971 legalisiert worden.

Als Großbritannien 1967 die Abtreibung legalisierte, war die Intention gewesen, Abtreibungen auf die Zeit bis zur 28. Schwangerschaftswoche zu beschränken. Im Laufe der Jahre wurde diese Beschränkung jedoch immer

LIEBE UND SEX

125

öfter ignoriert und viele Menschen glaubten, dass das Land mittlerweile erfolgreich Abtreibungen auf Wunsch durchführte. Seit das Gesetz verabschiedet worden war, waren 2,6 Millionen Schwangerschaftsabbrüche vorgenommen worden.

1988 reiste Mutter Teresa zur selben Zeit nach London, als der liberaldemokratische Parlamentsabgeordnete David Alton gerade versuchte, eine Änderung des Abtreibungsgesetzes in Großbritannien durchzusetzen. Er hatte im Parlament einen Antrag auf Fristverkürzung für Schwangerschaftsabbrüche auf die 18. Woche gestellt.

Für die Presse war Mutter Teresas Besuch in der Downing Street Nummer 10, wo sie sich mit der Premierministerin Margaret Thatcher traf (die bei ihrer Antrittrede 1979 das Gebet des hl. Franz von Assisi vorgelesen hatte), eine fantastische Gelegenheit, um Fotos zu machen. 1967 hatte Thatcher für die Legalisierung der Abtreibung gestimmt, doch nun trat sie für eine Anpassung des Gesetzes ein, da es ihrer Meinung nach zu unklar definiert war. Sie konnte sich Mutter Teresas Meinung, dass Abtreibung einem Mord gleichzusetzen sei, jedoch nicht anschließen.

Mutter Teresa sprach auf ihre übliche aufrichtige Art mit Margaret Thatcher, sowohl über das Thema Abtreibung als auch über die Not derjenigen, die nur einige Minuten von den Parlamentsgebäuden entfernt auf der Straße lebten. Später sagte sie zu den Journalisten:»Es hat so wehgetan, diese Menschen in der schrecklichen Kälte zu sehen, vor der sie nur ein Stück Pappkarton schützte.«[1]

Alton war sicher der Meinung, dass Mutter Teresas Anwesenheit seiner Kampagne helfen würde. Doch letzten Endes scheiterte sein Versuch, das Gesetz zu reformieren, an den parlamentarischen Abläufen. Tatsächlich könnte es sogar sein, dass sich Mutter Teresas Eintritt in die politische Debatte kontraproduktiv ausgewirkt hatte. Die Tatsache, dass der Erzbischof von Westminster, Kardinal Basil Hume, und die anderen katholischen Bischöfe Alton unterstützten, galt für manche als Versuch, einer freireligiösen und liberalen demokratischen Gesellschaft die katholischen Lehren aufzuzwingen. Diese Bedenken müssen durch den Anblick Mutter Teresas, wie sie das Unterhaus betrat, noch verstärkt worden sein.

1993 landete Mutter Teresa mit einem Hubschrauber vor dem Marienschrein von Knock im County Galway in Irland. Sie saß ganz in der Nähe, als ein Bischof der versammelten Menge erklärte, dass »keine Frau hier einen solchen Auftritt gehabt hatte, seit die Jungfrau Maria selbst 1879 erschienen war«.[2] Ein solcher Vergleich muss sie wohl sehr in Verlegenheit gebracht haben, vor allem, wenn man bedenkt, dass sie ständig von Fragen über Gott und die Echtheit ihres Glaubens gequält wurde.

Die irischen Bischöfe sahen sie als Geheimwaffe in der Abtreibungsdebatte. Die Abtreibung war zu einem heiß umkämpften Thema geworden, nachdem der Generalstaatsanwalt eine gerichtliche Verfügung erwirkt hatte, die ein 14-jähriges Vergewaltigungsopfer abhalten sollte, nach England zu reisen, um dort eine Abtreibung durchführen zu lassen. Diese wurde jedoch vom Obersten Gerichtshof wieder aufgehoben, nachdem das Mädchen mit Selbstmord gedroht hatte.

Wie in vielen Teilen des katholischen Europas begann sich auch in Irland die Einstellung zum Thema Sex zu ändern und die Stimme der Kirche verhallte dabei ungehört. Außerehelicher Geschlechtsverkehr, Verhütung und Scheidung gehörten für die Bevölkerung langsam zur Normalität. Kurze Zeit vor Mutter Teresas Besuch hatte das Parlament für die Aufstellung von Kondomautomaten in Bars und anderen öffentlichen Plätzen gestimmt.

Als Papst Johannes Paul II. 1979 das Land besucht hatte, war er von einer begeisterten Menge empfangen worden, doch zu Beginn der Neunziger Jahre stürzte die Zahl der Kirchgänger rasant ab, Klöster wurden geschlossen und die Priesterseminare leerten sich. 1992 trat der Bischof von Galway und Kilmacduagh, Eamon Casey, zurück, nachdem ans Licht gekommen war, dass er einen Sohn hatte. Zur gleichen Zeit traten erstmals Fälle von sexuellem Missbrauch durch Priester auf, die Aufsehen erregten und die moralische Autorität der katholischen Kirche schwächten.

1994 schickte Mutter Teresa eine Nachricht an die Delegierten der Weltbevölkerungskonferenz in Kairo, in der sie die Abtreibung als die größte Gefahr für den Frieden auf dieser Welt bezeichnete und anbot, ein Zuhause für unerwünschte Kinder zu finden. Sie schrieb weiter:»Wenn all das Geld, das verwendet wird, um Wege zu finden, Menschen zu töten, stattdessen dazu verwendet werden würde, Menschen mit Nahrung, einem Dach über dem Kopf und mit Bildung zu versorgen – wie schön wäre dann die Welt.«[3]

Nirgendwo sonst war das Thema Abtreibung politisch so brisant wie in den Vereinigten Staaten. Während Präsident Ronald Reagan die Förderungen für Abtreibungsprogramme, die von Organisationen wie dem Internationalen Verband für Geplante Elternschaft und der Internationalen Hilfsgemeinschaft für Familienplanung betrieben wurden, gestoppt hatte, unterstützte Bill Clinton deren Arbeit.

Einige Gruppen von Abtreibungsgegnern hatten sich zu einer härteren Vorgehensweise entschlossen; sie warfen Brandbomben auf Krankenhäuser, in denen Abtreibungen stattfanden, und bedrohten Ärzte, die diese durchführten.

1984 brach innerhalb der katholischen Kirche ein Streit aus, nachdem Kardinal John O'Connor von New York die demokratische Kandidatin für das Amt des Vizepräsidenten, Geraldine Ferraro, öffentlich getadelt hatte, weil diese behauptete, es gäbe»innerhalb der katholischen Kirche unterschiedliche Meinungen zum Thema Abtreibung«.

1994 war Mutter Teresa eine von sieben GastrednerInnen beim *National Prayer Breakfast* in Washington D. C. Das jährlich stattfindende Frühstück war 1953 von einer wohlhabenden Gruppe einflussreicher Christen ins Leben gerufen worden und jedes Jahr kamen etwa 3.000 Würdenträger aus aller Welt,

»Ich sah, dass die alten Menschen
in diesem Heim alles hatten –
gutes Essen, eine gemütliche
Unterkunft, Fernsehen, alles –
doch jeder schaute in Richtung
Tür. Und ich sah nicht eine einzige
Person, die lächelte.«

von denen jeder Einzelne bereit war, mehrere Hundert Dollar für das Privileg zu zahlen, an der Veranstaltung teilnehmen zu dürfen.

Sie erinnerte alle, die vor ihr saßen, an Jesu Befehl, den Hungrigen, Durstigen und Armen zu helfen, bevor sie das Publikum einlud, mit ihr gemeinsam das Gebet des hl. Franz von Assisi zu beten, das mittlerweile zu ihrem Erkennungszeichen geworden war.

Dann erzählte sie von einem Besuch in einem Altersheim:»Ich sah, dass die alten Menschen in diesem Heim alles hatten – gutes Essen, eine gemütliche Unterkunft, Fernsehen, alles – doch jeder schaute in Richtung Tür. Und ich sah nicht eine einzige Person, die lächelte. Ich wandte mich an eine Schwester und fragte: ›Warum schauen diese Menschen, die hier doch alles haben, alle in Richtung Tür? Warum lächeln sie nicht?‹ Und die Schwester sagte: ›So ist es beinahe jeden Tag. Sie warten darauf – sie hoffen –, dass ein Sohn oder eine Tochter kommt, um sie zu besuchen. Sie sind verletzt, weil man sie vergessen hat.‹«[4]

Es wird unter ihren Zuhörern wohl kaum jemanden gegeben haben, den diese Geschichte nicht berührt hatte. Das war jedoch nicht mehr der Fall, als sie begann, über das Thema Abtreibung zu sprechen.

Sie sagte zu ihnen:»Ich glaube, dass Abtreibung heutzutage die größte Gefahr für den Frieden ist, denn sie ist ein Krieg gegen ein Kind, die unmittelbare Ermordung eines unschuldigen Kindes, Mord durch die Mutter selbst. Und wenn wir akzeptieren, dass eine Mutter sogar ihr eigenes Kind töten kann, wie können wir dann den Menschen vorschreiben, dass sie einander nicht töten sollen? Wie können wir eine Frau davon überzeugen, nicht abzutreiben?«[5] Für sie war die Antwort auf diese Frage in der Liebe und nicht in der Verdammung zu finden.

Sie erklärte, dass sie Adoption für eine Möglichkeit halte die Abtreibung zu bekämpfen und fügte hinzu:»Aber ich würde ein Kind niemals einem Paar geben, das etwas getan hat, um keine Kinder zu bekommen.«[6] Mit diesem letzten Satz erinnerte sie das Publikum daran, dass sie der Meinung war, dass in Gottes Augen Verhütung ebenso moralisch verwerflich war wie Abtreibung. Ihre Idee, Paare aus Übersee Kinder adoptieren zu lassen, hatte in manchen Lagern für Kritik gesorgt. Es gab Anschuldigungen, wonach sie indische Kinder verkaufen würde, und man bezeichnete es als »Nonnenschmuggel«. Einmal hatte ihr die indische Regierung sogar verboten, Kinder an Paare aus Übersee zu vergeben.

Unter den Gästen, die Mutter Teresas Rede hörten, befanden sich Prä-si-dent Bill Clinton, die First Lady, Hillary Clinton und der Vizepräsident Al Gore, die alle für eine Wahlmöglichkeit der Frauen eintraten. Sechs Monate vor der Konferenz in Kairo hatte die amerikanische Regierung ein Telegramm an alle Auslandsvertretungen geschickt und diese darüber informiert, dass »die Vereinigten Staaten glauben, dass der Zugang zu einer sicheren, legalen und freiwilligen Abtreibung ein Grundrecht aller Frauen ist« und dass die amerikanische Delegation, die an der Konferenz teilnahm, »für die Betonung der Wichtigkeit des freien Zugangs zu Abtreibungseinrichtungen eintreten wird«.

Hillary Clinton erinnert sich in ihrer Biografie *Lebende Geschichte* (*Living History*) an Mutter Teresas Rede in Washington und findet warme Worte für sie:»Ich kann mich erinnern, dass ich betroffen war, wie winzig sie ist, und dass mir auffiel, dass sie trotz der bitteren Winterkälte bloß Socken und Sandalen trug. Sie hatte gerade ihre Rede zum Thema Abtreibung gehalten und sie wollte mit mir sprechen. Mutter Teresa war auf eine treffsichere Art direkt. Sie war nicht meiner Meinung, dass Frauen das Recht haben sollten, selbst zu entscheiden, und das sagte sie mir auch. Im Laufe der Jahre schickte sie mir Dutzende Briefchen und Nachrichten mit derselben sanften, aber dringlichen Bitte. Mutter Teresa verhielt sich mir gegenüber niemals belehrend oder tadelnd, ihre Ermahnungen wirkten immer liebevoll und aufrichtig. Ich respektiere ihre ablehnende Haltung zum Thema Abtreibung voll und ganz, aber ich

denke, dass es gefährlich ist, einem Staat die Macht zu geben, Frauen und Ärzte gerichtlich dafür zu bestrafen ... Ich stimme auch mit ihrer ablehnenden Haltung – und auch jener der katholischen Kirche – zum Thema Geburtenkontrolle nicht überein.«[7]

Clinton sprach jedoch auch von Gemeinsamkeiten, wenn es um das Thema Adoption ging, die auch ihrer Meinung nach die bessere Entscheidung war. Sie willigte ein, Mutter Teresa bei der Errichtung eines Heimes für Babys in Washington D. C. zu unterstützen und lernte dabei den Dringlichkeitssinn der Nonne kennen, den diese bei solchen Unternehmungen entwickelte. Sie schrieb: »Als ich zugestimmt hatte, ihr bei dem Projekt zu helfen, enthüllte Mutter Teresa ihre Fähigkeit, als schonungslose Lobbyistin aufzutreten. Wenn sie das Gefühl hatte, dass die Arbeit zu langsam voranging, schrieb sie mir Briefe, in denen sie mich nach den Fortschritten fragte, die wir gemacht hatten. Sie schickte Abgesandte vorbei, die mich antreiben sollten. Sie rief mich aus Vietnam an, sie rief mich aus Indien an, immer mit derselben Nachricht: ›Wann bekomme ich mein Zentrum für die Babys?‹«

Das Heim wurde 1995 eröffnet und Mutter Teresa reiste an, um gemeinsam mit Clinton an den Eröffnungsfeierlichkeiten teilzunehmen.

Clinton hatte das Gefühl, einen kurzen Blick auf das Geheimnis hinter Mutter Teresas Einfluss erhascht zu haben: »Wie ein glückliches Kind griff sie mit ihrer kleinen, starken Hand nach meinem Arm und zog mich die Treppe hinauf, um sich das frisch ausgemalte Kinderzimmer und die Reihen von Stubenwagen anzusehen, die nur noch auf die kleinen Kinder warteten. Ihr

Enthusiasmus war unwiderstehlich. Da verstand ich, wie es diese demütige Nonne schaffte, dass ganze Nationen ihrem Willen folgten.«[8]

FAMILIENPLANUNG

Die Enzyklika *Humanae Vitae*, die Papst Paul VI. 1968 veröffentlicht hatte und in der verlautbart wurde, dass jeder sexuelle Akt der menschlichen Fortpflanzung dienen sollte, hatte die katholische Kirche gespalten und war zu einer symbolischen Trennlinie zwischen konservativen und liberalen Katholiken geworden. Papst Johannes Paul II. wiederholte 1995 dieselben Lehren in seiner Enzyklika *Evangelium Vitae* (*Evangelium vom Leben*), in der er die – wie er sie nannte –»Kultur des Todes« kritisierte, wobei er damit Abtreibungen, Verhütungsmethoden, Experimente an menschlichen Embryos und Sterbehilfe meinte.

Viele Menschen waren der Meinung, dass das massive Wachstum der Weltbevölkerung und vor allem das Bevölkerungswachstum unter den Armen in den sogenannten Entwicklungsländern ein stichhaltiges Argument für die Verwendung künstlicher Verhütungsmittel sei. Ihrer Meinung nach war es falsch, Familien, die bereits viele Kinder hatten, dazu zu verdammen, Nahrungsmittel und Kleider für ein weiteres Kind auftreiben zu müssen. Um dagegen vorzusorgen, sollte man ihnen die Möglichkeiten geben, selbst zu kontrollieren, wie viele Kinder sie haben wollen.

Die Bevölkerung Indiens gehörte beispielsweise zu den am schnellsten wachsenden der Welt. Indien war auch das erste Land, das ein Programm zur Familienplanung eingeführt hatte, das jedoch jene Millionen von Menschen nicht erreichte, die ohne Bildung geblieben waren. Premierministerin Indira Gandhis Wahlniederlage 1977 wurde weithin auf ihre Bemühungen zurückgeführt, ein Sterilisationsprogramm zu initiieren.

1978 sprach sich Mutter Teresa in einem Brief an Premierminister Morarji gegen den Gesetzesentwurf zur Religionsfreiheit aus. Sie betonte eifrig, dass ihr Orden dabei half, die Bevölkerungszahlen klein zu halten, und teilte ihm mit, dass mit dem Programm zur natürlichen Familienplanung, das von ihren Schwestern durchgeführt wurde, bisher 11.701 Hindu-Familien, 5.568 muslimischen Familien und 4.341 christlichen Familien geholfen werden konnte, was bedeutete, dass mehr als 60.000 Babys weniger geboren worden waren.

Sie erzählte ihrem Publikum oft, dass sie in Kalkutta mit den Polizeistationen, Krankenhäusern und Kliniken in Kontakt trat und diesen anbot, unerwünschte Kinder aufzunehmen. Einmal witzelte sie:»In Kalkutta gibt es einen Scherz: ›Mutter Teresa spricht immer von Familienplanung und Abtreibung, doch jeden Tag wird die Zahl ihrer Kinder größer.‹«[9]

Mutter Teresa hielt nichts von dem Argument, dass Verhütung notwendig sei, weil es so viele Menschen auf der Erde gäbe. Ihrer Meinung nach gab es reichlich Platz und – im Hinblick auf den Überfluss in den westlichen Ländern – auch genügend Ressourcen, dass es für alle reichte. Sie stimmte mit Gandhi überein, der einmal gesagt hatte:»Es ist genügend da, um die Bedürfnisse aller zu stillen, aber nicht, um die Habgier aller zu befriedigen.«

Die natürliche Familienplanung war ihre Antwort auf die Pille, Kondome und andere Formen der Verhütung. Einige der Missionarinnen der Nächstenliebe wurden ausgebildet, um dieses Prinzip zu unterrichten; sie gaben den Frauen Perlen, mit denen sie die Tage ihres Zyklus auszählen konnten.»Eine Ehefrau und ein Ehemann sollten einander so sehr lieben und respektieren, dass sie sich während der fruchtbaren Tage in Selbstkontrolle üben können«, beteuerte Mutter Teresa.[10]

Sie blieb diesem Standpunkt auch treu, als die Einstellung der Kirche zum Thema Verhütung in Verbindung mit dem Schutz der Menschen vor HIV/Aids infrage gestellt wurde. Kritiker der katholischen Kirche bestanden darauf, dass Kondome eine wirksame Maßnahme zur Eindämmung des Virus wären, während Mutter Teresa meinte, dass Abstinenz und nicht Kondome die Antwort sei.

Indische Mütter sprechen mit Mutter Teresa in deren Mission in Kalkutta. Ihre Einstellung zum Thema Frauen sorgte im Westen jedoch für Kontroversen.

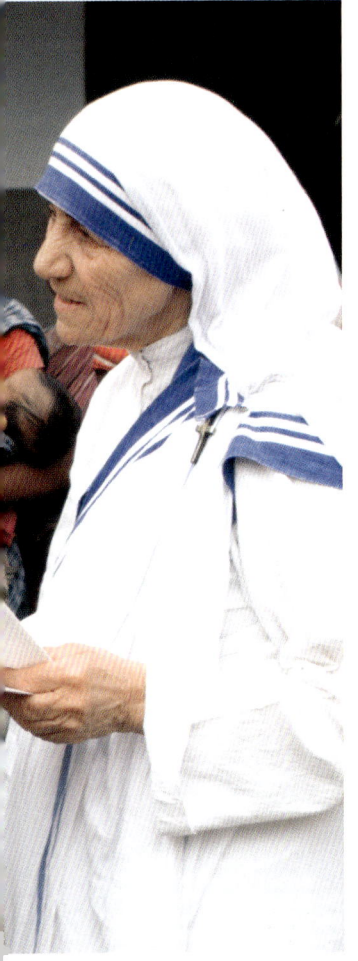

FRAUEN

Die Tatsache, dass Mutter Teresa Abtreibungen und Verhütung ablehnte, muss im Zusammenhang mit ihrer Einstellung bezüglich des Zwecks und der Rolle der Frauen gesehen werden. Ihrer Meinung nach waren nicht die Frauen in den Büchern von AutorInnen wie Germaine Greer das perfekte Beispiel für Weiblichkeit, sondern das Leben der Jungfrau Maria. Maria war dazu fähig gewesen, der Menschheit die Erlösung durch die Menschwerdung Gottes zu gewähren, und zwar nur, weil sie Ja zu Gott gesagt hatte. Für Mutter Teresa hieß eine Frau zu sein nicht, BHs zu verbrennen, sondern eine brennende Liebe für Christus zu verspüren. Obwohl sie sich selbst für die Ehelosigkeit entschieden hatte, glaubte sie, dass die Mutterschaft die höchste Berufung der Frau und ein Geschenk Gottes war. Diesen Standpunkt vertrat sie auch in einem Brief, den sie an die Vierte Weltfrauenkonferenz der Vereinten Nationen sandte, die 1995 in Peking abgehalten wurde. Sie brachte auch kein Verständnis für feministische Ideologien auf, die versuchten, den Unterschied zwischen Männern und Frauen auszulöschen, und schrieb: »Ich verstehe nicht, warum manche Menschen behaupten, Männer und Frauen seien vollkommen gleich, und dabei die wundervollen Unterschiede zwischen Männern und Frauen verleugnen. Alle Geschenke Gottes sind gut, doch sie sind nicht alle gleich.«[11]

Auf ähnliche Weise sprach sie sich gegen die Möglichkeit aus, dass Frauen Priesterinnen werden konnten, obwohl ihre Schwestern in einigen Teilen der Welt alle Aufgaben der Priester übernommen hatten, außer dem Lesen der Messe und dem Abnehmen der Beichte. Einige Nonnen, vor allem jene in den Vereinigten Staaten, argumentierten, dass der Ausschluss der Frauen vom Priesteramt vor allem patriarchische und weniger theologische Gründe hätte. Ihre Rufe wurden lauter, als die Kirche von England im Zuge ihrer General-synode 1992 beschloss, Frauen den Zugang zum Priesteramt zu gewähren. 1994 schloss Papst Johannes Paul II. in einem Apostolischen Schreiben mit dem Titel »*Ordinatio Sacerdotalis*« (»*Die Priesterweihe*«) die Möglichkeit weiblicher Priesterinnen ein für alle Mal aus.

Die Tatsache, dass Mutter Teresa absolut gegen Priesterinnen war, hielt die Nachrichtenagentur *United Press International* nicht davon ab, 1984 einen Artikel mit der Schlagzeile »Mutter Teresa ist für Frauen im Priesteramt« zu veröffentlichen. Das war natürlich nicht richtig. Der Artikel basierte auf einem Interview, das sie einem indischen Journalisten gegeben hatte. Als sie meinte, dass die einzige Frau, die man jemals als Priesterin betrachten konnte, »Our Lady«, also die Jungfrau Maria sei, hatte er »our ladies« verstanden.

Es ist interessant, dass jene religiösen Orden, die sich mit der feministischen Ideologie angefreundet hatten und für den Zugang der Frauen zum Priester-amt eintraten, kaum Zuspruch fanden; zu diesen Orden zählten unter anderem der Maryknoll-Missionsorden und ihr ehemaliger Orden, die Loretoschwestern (die mittlerweile unter dem Namen Institut der Gesegneten Jungfrau Maria bekannt waren). Im Gegensatz zu ihnen hatte Mutter Teresas Orden keine Probleme, Novizinnen zu finden. Bis Mitte der 1990er-Jahre hatte sie Noviziate in Kalkutta, Rom, Manila, Nairobi, San Francisco und Polen eröffnet.

Der blau-weißen Armee der Missionarinnen der Nächstenliebe beizutreten bedeutete, einen harten Lebensstil voller Herausforderungen anzunehmen, der wenig Platz für das ließ, was in der westlichen Kultur als persönlicher Freiraum bezeichnet wird, wie Schwester Lucinda Vardey in ihrem Buch *Mutter Teresa: Ein einfacher Weg (Mother Teresa: A Simple Path)* erklärte:»Als Schwester der Missionarinnen der Nächstenliebe habe ich nicht viele Möglichkeiten, alleine zu sein. Wenn man sich für ein Leben in Armut entscheidet, bedeutet das meist, dass man kaum Privatsphäre hat – wir haben nicht jede unser eigenes Zimmer, in dem wir alleine beten und nachdenken können.«[12]

Es war unvermeidlich, dass manche Schwester die Missionarinnen der Nächstenliebe wieder verließen; so etwas kommt in jedem religiösen Orden vor. In einem Jahr verließen beispielsweise zwölf Schwestern den Orden, drei nach ihrem letzten Gelübde und neun nach ihrem ersten Gelübde. Mutter Teresa sagte einmal:»Wir bleiben überaus menschlich. Wir haben unsere Höhen und Tiefen.«

Nachdem sie von einem Treffen der Leiter verschiedener religiöser Orden in Europa nach Kalkutta zurückgekehrt war, bemerkte Mutter Teresa:»Sie sprachen nur davon, die Gesellschaftsstrukturen zu verändern und die Dinge anders zu organisieren. Es kam nichts dabei heraus: Es wurde nichts für die Armen getan und es half nicht dabei, Gott jenen näherzubringen, die ohne Religion sind, oder auch jenen, die nichts von ihm wissen. Ich war froh, als es vorbei war. Sie hatten darauf bestanden, dass ich dorthin fahre, doch ich fühlte mich wie ein Fisch auf dem Trockenen.«[13]

Wenn man sieht, wie sich gewisse religiöse Orden, wie beispielsweise die Missionsschwestern vom Rosenkranz, von der New-Age-Ideologie beeinflussen ließen (einige Nonnen boten als Teil ihres spirituellen Programmes sogar Massagen an), kam Mutter Teresas Antwort darauf nicht überraschend. 1983 schrieb sie in einem Brief an die Bischöfe der Vereinigten Staaten über die Berufung der religiösen Schwestern. Sie zitierte die hl. Thérèse von Lisieux und forderte die Schwestern auf, Gehorsam gegenüber dem Papst und den Lehren der katholischen Kirche zu üben. Sie schrieb:»Es gab viel Aufruhr im Leben der religiösen Schwestern, alles aufgrund von fehlgeleiteten Ratschlägen und missgeleitetem Eifer.«

Ihren Kritikern zufolge war jedoch auch sie selbst fehlgeleitet, vor allem, wenn es um das Thema Sex ging. Einer ging sogar noch weiter. Der Journalist Christopher Hitchens beschuldigte sie, nicht mehr als eine gefährliche Fanatikerin zu sein, die auf Kosten der Armen katholische Propaganda betrieb.

Kapitel 8

ENGEL DER HÖLLE

Es war ein englischer Journalist, nämlich Malcolm Muggeridge, gewesen, der im Wesentlichen dazu beigetragen hatte, Mutter Teresa zu einem weltberühmten Symbol des Mitgefühls zu machen. 25 Jahre später machte es sich ein weiterer englischer Journalist namens Christopher Hitchens zur Aufgabe, dieses Image mit einer Fernsehdokumentation zu zerstören, die unter Mutter Teresas Anhängern für enorme Empörung sorgte.

Mutter Teresas Anspruchslosigkeit, Selbstaufopferung und Demut stellten einen Gegensatz zu dem exzessiven Konsumdenken, dem Individualismus und dem immer stärker werdenden Personenkult der westlichen Kultur dar. Infolgedessen war sie ein Geschenk für die Medien, die sie als lebende Heilige darstellten. Ihr Name war sogar zu einem Synonym für Wohltätigkeit geworden:»Was glaubst du, wer du bist? Mutter Teresa?«

Trotzdem konnte man es nicht leugnen, dass sich das Blatt der Mediensympathie ab einem gewissen Zeitpunkt zu wenden begonnen hatte. Im Laufe der Jahre hatte es immer wieder einzelne kritische Stimmen gegeben. Beispiele dafür waren Germaine Greer und auch ein Artikel in der internationalen katholischen Zeitschrift *National Catholic Reporter*, der die Frage aufwarf, warum Mutter Teresa nichts gegen die Gründe für die Armut unternahm. Doch diese Kritik war niemals mehr als ein kurzes Heckenschützenfeuer gewesen. Nun stand sie unter Dauerbeschuss.

Der Angriff wurde von dem Autor und Journalisten Christopher Hitchens angeführt, einem selbst ernannten Atheisten, der England einige Jahre zuvor verlassen hatte, um seine Karriere in den Vereinigten Staaten weiterzuverfolgen, wo er unter anderem für die Zeitschriften *Vanity Fair* und *Harper's* gearbeitet hatte. Tatsächlich hatte er bereits zwei Jahre zuvor in einem Artikel mit dem Titel»Ghul von Kalkutta«das Feuer auf Mutter Teresa eröffnet. Er hatte sie 1980 während eines Aufenthaltes in Kalkutta kennengelernt, als er eines ihrer Waisenhäuser besuchte. Als wir neben den winzigen Gitterbetten standen, drehte sie sich zu mir um und sagte:»So bekämpfen wir Verhütung

Christopher Hitchens
war Mutter Teresas
erbittertster Gegner.

und Abtreibung hier in Kalkutta.«[1]
Er blieb jedoch unbeeindruckt und
gelangte zu der Ansicht, dass es ihr
nicht wirklich darum ging, den Armen
und Benachteiligten zu helfen, sondern darum, katholische Propaganda
zu betreiben.

Als Produzent von Hitchens Dokumentation fungierte der befreundete
Linksaktivist Tariq Ali, und Dr. Aroup Chatterjee, der in Kalkutta aufgewachsen und später nach London übersiedelt war, führte die Reihe von Mutter Teresas Kritikern an.

Er vertrat die Meinung, dass sie nicht so selbstlos war, wie die Medien sie
darstellten, dass man sie in Kalkutta kaum kannte und dass die Pflege und
die Bedingungen in ihren Niederlassungen einiges zu wünschen übrig ließen.
Außerdem war er verärgert darüber, dass Kalkutta durch Mutter Teresa in
der westlichen Welt zu einem Symbol der Armut geworden war, während er
der Meinung war, dass es eigentlich für seine Kunst und Kultur bekannt sein
sollte.

Die Dokumentation mit dem Titel *Hell's Angel – Engel der Hölle* wurde am
Abend des 8. November 1994 von dem britischen Fernsehsender *Channel 4*
ausgestrahlt. Hitchens zog in den Kampf und würzte seine, mittlerweile zum
Markenzeichen gewordenen, bissigen und eloquenten Kommentare mit kurzen prägnanten einzeiligen Sätzen im Stil von Muggeridge.

Gleich zu Beginn beschuldigte Hitchens Muggeridge, den – wie er ihn
nannte – »Mythos Mutter Teresa« erschaffen zu haben, und bezeichnete ihn
als »alten Betrüger und Scharlatan«. Mutter Teresa wäre nicht mehr als
eine Glaubenseiferin und Fanatikerin, deren wirkliches Ziel es laut Hitchens
war, die gefährliche Agenda der katholischen Kirche zu verbreiten. »Wenn es
scheint, als sei die Heilige von Kalkutta eigentlich nie persönlich in Kalkutta

anwesend, dann deshalb, weil sie als fliegende Botschafterin eines hochpolitischen Pontifikats agiert. Im Auftrag der vatikanischen Außenpolitik reiste sie von den Küsten Libanons, wo die römisch-katholischen Milizen das Massaker von Sabra und Schatila zu verantworten hatten, nach Nicaragua, wo der Kardinal als Förderer der Kontra-Guerillas galt, und schließlich weiter nach Armenien, wo sie der Mutter Kirche dabei half, Fuß in der Sowjetunion zu fassen.«[2]

Der indische Journalist Mihir Bose unterstützte diesen Standpunkt der Dokumentation: »Sie ist keine Politikerin einer Partei, doch sie ist eine Politikerin, weil sie zunächst einmal Teil eines Systems ist, das als katholische Agenda bezeichnet werden kann und der breiteren Zielsetzung der christlichen Rechten angehört. Die katholische Kirche verfolgt unter dem derzeitigen Papst einen harten Kurs. Sie ist Teil dieser Strategie und es handelt sich dabei durchaus um politische Ziele. Sie wissen schon: keine Abtreibung, Ablehnung der Geburtenkontrolle – solche Themen gehören in die Politik. Darüber hinaus ist sie auch dort, wo der Westen noch immer zur Dritten Welt gehört, Teil der westlichen Agenda.«[3]

Wenn die beiden meinten, dass sie die Ziele der katholischen Kirche unterstützte, indem sie Menschen missionierte, dann hatten sie recht. Es war jedoch nicht ihr Ziel, die Anzahl der Katholiken zu erhöhen, sondern die Menschen dazu zu bringen, sich in ihrer Einstellung und in ihrem Herzen zu ändern. Das war für sie das Wesen des Christentums.

Die Zuseher erfuhren, dass »der Kult um Mutter Teresa mittlerweile eine multinationale Mission ist, die eine jährliche Erfolgsquote von mehreren zehn Millionen hat«. Das Kloster und der Katechismus wären ihr wichtiger als die Kliniken, meinte er, und er behauptete weiter, dass sie die verwundbaren und leidenden Menschen als »Rohmaterial für ihr Mitleid« benutzen würde. Sie wäre »das Resultat einer gottlosen Ehe zwischen schreiendem Medienrummel und mittelalterlichem Aberglauben«.

Dann fuhr er fort:»Für jemanden, dessen Königreich nicht auf dieser Welt
zu finden ist, tut sich Mutter Teresa im Umgang mit den Herrschern, Kolonialherren und Mächtigen leicht.« Damit bezog er sich auf die Tatsache, dass
sie eine Friedensmedaille von Ronald Reagan angenommen hatte, den Hitchens beschuldigte, Todestruppen in Zentralamerika zu finanzieren – dieselben Todesschwadronen, die in El Salvador einige Nonnen und den Erzbischof
Oscar Romeo ermordet hatten. Er kritisierte sie auch dafür, dass sie einen Kranz
auf das Grab des albanischen Diktators Enver Hoxha gelegt und den Diktator
von Haiti und seine Frau gelobt hatte, obwohl das Paar Millionen für sich selbst
zum Fenster hinauswarf, während große Teile der Bevölkerung verwahrlosten.
»Sie mag den Gequälten helfen oder auch nicht«, schloss er,»doch sie hat sicher
nie denjenigen Probleme bereitet, die ein sorgenfreies Leben führen.« Er fügte
hinzu, dass sie die Stärke der Mächtigen offenbar genauso bewunderte, wie sie
den Verzicht der Armen befürwortete.[4]

Hitchens hatte recht damit, dass sich Mutter Teresa zu bestimmten Regierungen nicht offen äußerte. Ob gut oder schlecht, sie sah es nie als ihre Aufgabe
an, Partei zu ergreifen. Nach dem Einfall der Iraker in Kuwait 1991 bat sie sowohl George Bush (Senior) als auch Saddam Hussein darum, auf einen Krieg zu
verzichten, und mit Ausnahme ihrer peinlichen Teilnahme an den Protestveranstaltungen der Dalit-Christen in Neu-Delhi 1995 blieb sie dieser Einstellung
immer treu. Sie kritisierte das Hoxha-Regime niemals öffentlich für die Verfolgung der katholischen Kirche in Albanien; genauso wenig mischte sie sich in
den späten 1990er-Jahren in den Kosovokonflikt ein, als Angehörige der albanischen Volksgruppe von den Serben aus ihren Häusern vertrieben wurden.

Nachdem sie stark vom traditionellen Katholizismus beeinflusst wurde,
glaubte Mutter Teresa daran, dass jegliche Kritik an einzelnen Regierungen
dem Papst und den Bischöfen überlassen werden sollte. Sie äußerte sich zu
Themen wie dem Materialismus im Westen und der Notwendigkeit, dass die
Reichen den Armen helfen sollten und dass den Ärmsten in der Gesellschaft

Wertschätzung entgegengebracht und für sie gesorgt werden sollte, sowie zum Thema Abtreibung und der Notwendigkeit, eine Harmonie zwischen den Religionen herzustellen.

Hitchens verstand nicht, dass sie wichtige politische Persönlichkeiten niemals kritisierte, weil sie der Meinung war, dass in jedem Menschen und jeder Situation etwas Gutes zu finden war. Sie folgte damit dem Beispiel Jesu, der ebenfalls kritisiert wurde, weil er sich mit unangenehmen Personen abgab. Sie sagte einmal: »Meine Berufung ist nicht, über bestimmte Gesellschaften zu richten. Ich bin nicht befähigt, über jemanden zu urteilen. Ich denke niemals an die Gesamtmenge, sondern an die einzelnen Menschen.«[5]

Hitchens stellte Mutter Teresas Moral infrage, weil sie Geld von dem umstrittenen und extravaganten Zeitungstycoon Robert Maxwell angenommen hatte. Kurz vor seinem Tod 1991 war bekannt geworden, dass er Hunderte Millionen Pfund aus den Pensionsvorsorgekassen seiner Unternehmen dazu verwendet hatte, um seine Gemeinschulden zu begleichen, Geschäftsverträge abzuschließen und seinen extravaganten Lebensstil zu finanzieren. Tausende seiner Mitarbeiter waren schockiert, als sie erfuhren, dass sich ihre Pensionen in Luft aufgelöst hatten.

Mutter Teresa hatte Maxwell während ihres Besuches in London 1988 getroffen, als sie David Alton bei seiner Kampagne unterstützt hatte, bei der es um die Fristenregelung für Schwangerschaftsabbrüche ging. Hitchens bemerkte dazu, dass »sein geniales Talent zur Selbstvermarktung gut zu ihrer Fähigkeit gepasst hatte, Spendengelder aufzutreiben«.

Maxwell zeigte ihr ein Gebäude, das möglicherweise für ein Wohnheim ge-
eignet war, das sie eröffnen wollte, und startete einen Spendenaufruf in der
Zeitung *Daily Mirror.* Die Leser der Zeitung spendeten 169.000 Pfund und die
Leser des schottischen Schwesternblattes *Daily Record* steuerten 90.000 Pfund
bei. Als Maxwell starb, war das Geld noch nicht an die Missionarinnen der
Nächstenliebe überwiesen worden. Die Mirror-Gruppe meinte, der Grund dafür
sei, dass man doch noch kein passendes Gebäude gefunden hätte. Fünf Jahre
nach dem Spendenaufruf wurde schließlich ein Wohnheim eröffnet.

Hitchens behauptete weiter, dass Mutter Teresa 1,5 Millionen Dollar von
Charles Keating angenommen hätte, der 1992 für einen der größten Finanz-
betrügereien in der Geschichte der Vereinigten Staaten schuldig gesprochen
und zu zehn Jahren Haft verurteilt worden war. Die Verurteilung wurde später
aufgehoben, doch 1999 wurde Keating erneut inhaftiert, weil er sich in anderen Betrugsfällen schuldig bekannt hatte.

Es ist wahr – Mutter Teresa hatte Spenden von ihm angenommen und sogar
einen Brief an die Richter des Obersten Gerichtshofes in Los Angeles, Lance Ito,
geschrieben, in dem sie erklärte, dass sie nichts über Keatings Geschäftsange-
legenheiten wisse, dass er aber sehr viel getan habe, um den Armen zu helfen.

Hitchens bestand darauf, dass Mutter Teresa in Keatings Privatjet mitgeflo-
gen war, ihn »bei zahlreichen wichtigen Anlässen von ihrem guten Ruf profitieren hatte lassen und ihm ein persönliches Kruzifix überreicht hatte, das er
überallhin mitnahm«.[6] Man fragt sich, was sie ihm Hitchens' Meinung nach
sonst hätte geben sollen.

Malcolm Muggeridge hat angeblich einmal gesagt, dass Mutter Teresa
vom Teufel persönlich Geld annehmen würde, wenn sie damit Gutes vollbrin-
gen konnte. Sie selbst behauptete, dass sie an Geld nie einen Gedanken verschwendet hätte. »Es gelangt immer zu uns. Der Herr schickt es. Wir verrichten
seine Arbeit, er stellt die Mittel. Wenn er uns keine Mittel gibt, dann heißt das,
dass er die Arbeit nicht will. Warum sich also Sorgen machen?«[7] Sie nahm

Sie nahm von allen Geld an.
Wenn jemand einen
schlechten Ruf hatte,
brachte ihn die Tatsache,
dass er den Armen Geld
spendete, vielleicht dazu,
sich im Herzen zu ändern.

von allen Geld an. Wenn jemand einen schlechten Ruf hatte, brachte ihn die Tatsache, dass er den Armen Geld spendete, vielleicht dazu, sich im Herzen zu ändern. Wenn die Menschen ihr Geld spendeten, war es für sie Gott, der es zur Verfügung stellte; das war auch der Fall, als der Vorsitzende der PLO, Jassir Arafat, 1990 nach Kalkutta reiste, um ihr einen Scheck über 50.000 Dollar zu übergeben. Sie fragte nie, woher das Geld kam. Die Art, wie sie die Finanzen des Ordens verwaltete, war nach westlichen Standards wohl etwas locker. Doch nicht einmal Hitchens behauptete, dass sie oder jemand anderes aus dem Orden Geld abgezweigt hätte, um selbst einen luxuriösen Lebensstil zu pflegen, ein Vorwurf, der einigen der Fernsehprediger der großen Kirchen in den Vereinigten Staaten gemacht wurde und der in einigen Fällen auch gerichtlich bestätigt worden war. Im Gegensatz zu den Mitgliedern einiger religiöser Orden, die vorgaben, in Armut zu leben, führten alle Missionarinnen der Nächstenliebe wirklich ein genügsames und spartanisches Leben, bei dem nichts vergeudet wurde. Mutter Teresa mag sich mit den Reichen getroffen haben, doch die Worte Luxus und Überfluss wurden niemals in Zusammenhang mit ihrem Orden verwendet.

Mutter Teresa achtete tatsächlich sehr genau darauf, dass das gesamte Geld, das sie bekam, für die Armen und Kranken ausgegeben wurde. 1993 stellte sie deswegen das Mitarbeiter-System ein, da sie der Meinung war, dass zu viel Geld für Reisen und Werbung verschwendet wurde und die Organisation ihren ehemaligen Geist der Einfachheit und des Gebetes verloren hatte.

ERNSTHAFTE FRAGEN

Man kann zwar behaupten, dass viele der in der Dokumentation angesprochenen Kritikpunkte unausgewogen waren und von einem anti-religiösen Standpunkt aus getroffen wurden, doch Hitchens Anschuldigung, die Bedingungen in einigen der Niederlassungen des Ordens seien primitiv und die medizinische Versorgung unter dem gängigen Standard, war schwer zu widerlegen.

Die Autorin Mary Loudon, die einmal als Freiwillige im Sterbehaus in Kalkutta gearbeitet hatte, trat in der Sendung auf und beschuldigte Mutter Teresa, dass sie es nicht geschafft hätte, genügend Infusionsständer und ausreichend starke Schmerzmittel für Schwerkranke bereitzustellen. Sie behauptete, dass sie einmal eine Schwester gefragt hätte, warum die Nadeln mit kaltem Wasser ausgewaschen wurden, anstatt sie in kochendem Wasser zu sterilisieren, und die Schwester darauf geantwortet hatte, dass dafür keine Zeit war. Falls dieser Vorfall tatsächlich stattgefunden hat, ist es unklar, ob es sich dabei um die gängige Praxis unter den Schwestern oder nur um einen Einzelfall handelte.

Einige Wochen bevor die Dokumentation gesendet wurde, hatte der Herausgeber der medizinischen Zeitschrift The Lancet, Dr. Robin Fox, den Standard der medizinischen Versorgung in Nirmal Hriday infrage gestellt, nachdem er das Sterbehaus zusammen mit seiner Frau besucht hatte. Er sprach von einem Fall, bei dem bei einem jungen Mann Meningitis diagnostiziert worden war, der schließlich jedoch an zerebraler Malaria starb. Er konnte nicht verstehen, warum sich niemand vom Personal den Blutausstrich angesehen hatte. »Alles, was passiert, passiert durch Zufall; es kann eine niederländische oder eine japanische Krankenschwester betreffen oder sogar einen der Freiwilligen, die oft die erste Einschätzung übernehmen, und keiner von ihnen wird sofort an zerebrale Malaria denken.«[8] Er hatte das Gefühl, es hätte mehr getan werden können, um es den Patienten angenehmer zu machen, und er stellte die Kompetenz der Schwestern im Umgang mit Schmerzen infrage.

Auch andere, die im Nirmal Hriday gearbeitet hatten, äußerten sich zu der medizinischen Versorgung, die dort bereitgestellt wurde. Pater Paul Chetcuti, ein Jesuit aus Malta, der in den Achtzigerjahren dort geholfen hatte, schrieb

Keine Organisation ist
perfekt, nicht einmal
eine unter der Leitung
von Mutter Teresa.

über Mutter Teresa:»Sie weigert sich, in ihrem Sterbehaus in Kalkutta einen Vollzeit-Arzt anzustellen, und ist glücklich damit, die kostenlosen Dienste von einem oder zwei Ärzten in Anspruch nehmen zu können, die dafür ihre Freizeit opfern. Sie lehnt in ihren Häusern sämtliche modernen Geräte ab, sogar einfache Mikroskope, die helfen würden, gewisse Krankheiten schnell zu diagnostizieren. Ihrer Meinung nach wäre das der erste Schritt in Richtung einer Einrichtung für kranke Menschen.«[9]

Er beschreibt weiter die Behandlung einer Patientin:»Inkompetenz kann auf keinen Fall ausgeschlossen werden; Fehler werden gemacht ... Es spielt jedoch keine Rolle, dass sie nicht über den erforderlichen Impfstoff für die Behandlung dieser Frau verfügen, denn sie geben ihr das, was ihnen geschenkt wurde – die Liebe Gottes und die wenigen Medikamente, die sie haben. Gott wird sich um diese kranke Frau kümmern. Für die menschliche Wahrnehmung scheint dieses Vertrauen in Gott bis zum Exzess betrieben zu werden, doch es ist der Prüfstein von Mutter Teresas Arbeit.«[10]

Wendy Bainbridge, eine Krankenschwester, die im Hospiz von Plymouth arbeitete und beschlossen hatte, während ihres jährlichen Urlaubs in einem von Mutter Teresas Sterbehäusern zu arbeiten, kritisierte ebenfalls den Umgang mit Schmerzen und die hygienischen Standards. Doch sie meinte auch:»Trotz der schrecklichen Umstände gab es unter den Schwestern, den Freiwilligen und den Patienten viel Freude. Die Patienten wurden emotional unterstützt, indem sie umarmt, berührt oder gestreichelt wurden.« Sie war auch beeindruckt, wie die Patienten dem Tod gegenübertraten.»Der eigentliche Akt des Sterbens ging leise und ohne Kampf oder die Hilfe von Schmerz- oder Beruhigungsmitteln vor sich. Die Spiritualität schien eine höhere Bedeutung zu haben, die die physiologischen Defizite überdeckte.«[11]

Keine Organisation ist perfekt, nicht einmal eine unter der Leitung von Mutter Teresa, und es scheint, als hätte es manchmal Fehlurteile und eine zu lockere Handhabung der Pflege der Patienten gegeben, die berechtigterweise

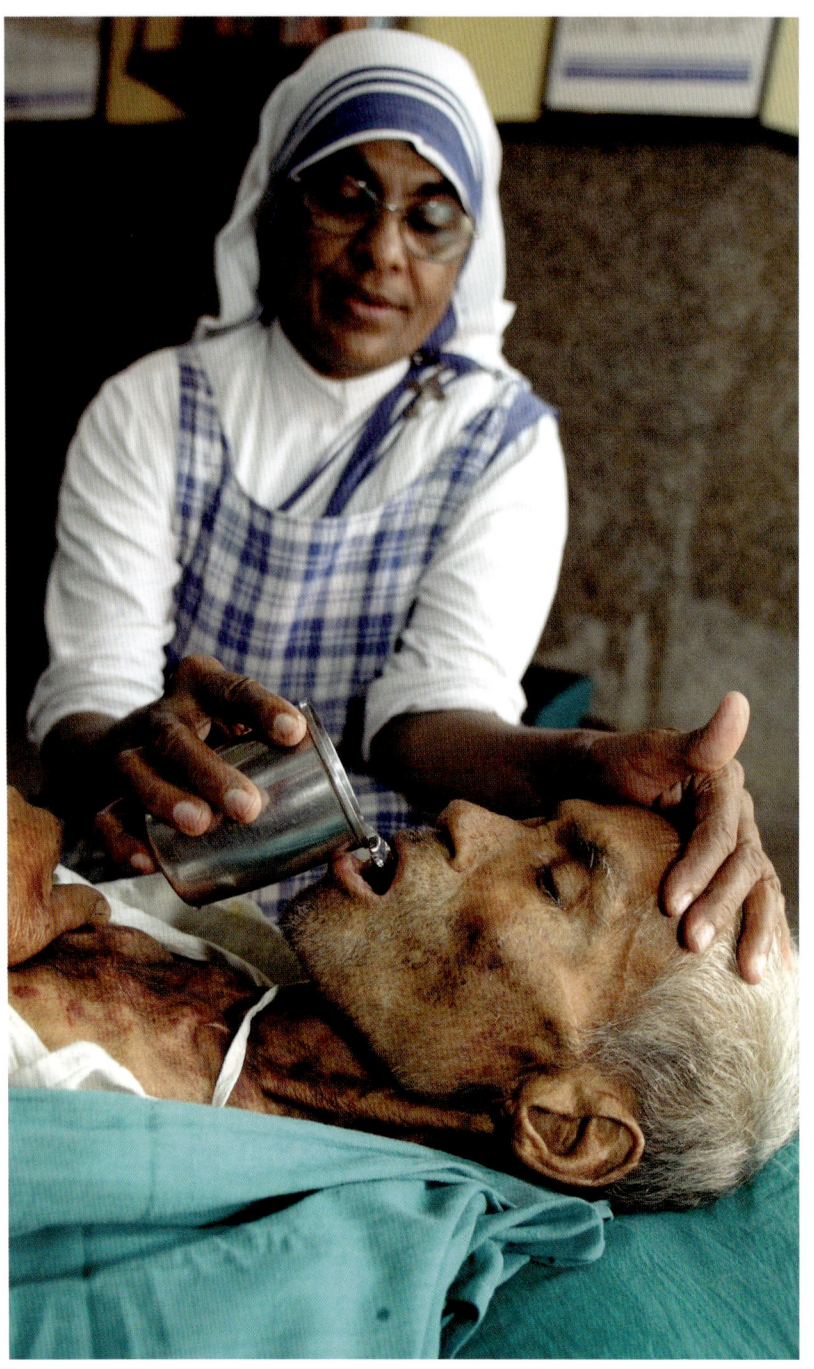

Schwester Theresina, die
Leiterin des Nirmal Hriday,
Sterbehauses, füttert einen
schwer kranken Mann.

als unentschuldbar gelten. Mutter Teresa drillte ihre Schwestern darauf, dass das Leiden angenommen und nicht vermieden werden sollte, da es ein Weg war, das Leiden Christi zu teilen. Doch das war kein Grund, keine adäquate medizinische Ausrüstung zur Verfügung zu stellen und die Kranken und Sterbenden auf diese Weise zu behandeln.

Chatterjee behauptet in seinem Buch *Mutter Teresa: Ein letztes Urteil* (*Mother Teresa: A Final Verdict*), dass sich Mutter Teresa sogar weigerte, im Sterbehaus in Kalkutta Waschmaschinen aufzustellen. Ihrer Meinung nach waren spirituelle Dinge wichtiger als physische Anforderungen. Vergleicht man frühe Fotos des Sterbehauses in Kalkutta mit neueren Fotos, dann fällt auf, dass es sich offenbar kaum verändert hat: Dieselben dürren Gestalten liegen auf denselben Krankenbahren, die in Reihen an beiden Seiten eines kargen Raumes aufgestellt sind.

Dr. Jack Preger, der für die Missionarinnen der Nächstenliebe gearbeitet hatte, bevor er sie verließ, weil ihm der Standard der Pflege zu gering gewesen war, meinte, dass Mutter Teresas Niederlassungen »in einem Stil geführt werden, der vor 200 Jahren in britischen Armenhäusern üblich war. Es sollte sehr viel mehr für eine moderne medizinische Versorgung getan werden. Die Entschuldigung lautet stets, dass es sich um keine medizinische Einrichtung handelt. Doch wenn man es mit kranken Menschen zu tun hat und selbst keine medizinische Einrichtung ist, dann sollte man Menschen beteiligen, die einer solchen Einrichtung angehören. Das akzeptierten sie einfach nicht.«[12]

DIE REAKTION

Von den 1,6 Millionen Zuschauern, die *Hell's Angel – Engel der Hölle* sahen, waren 130 empört genug, um sich offiziell bei dem Überwachungsausschuss, der Unabhängigen Fernsehkommission (ITC), zu beschweren. Trotzdem entschied man sich dort dafür, nicht gegen den Fernsehsender *Channel 4* vorzugehen, da man beschlossen hatte, dass die Kritik an Mutter Teresa als fair eingestuft werden konnte.

Die katholische Wochenzeitschrift *The Tablet*, ein Magazin, das sich oft kritisch gegenüber Aspekten der katholischen Kirche äußerte, veröffentlichte einen Leitartikel zu Mutter Teresas Verteidigung, in dem Hitchens und Ali als selbstgerecht bezeichnet wurden und ihnen vorgeworfen wurde, sie würden Mutter Teresa missverstehen und missinterpretieren, die »im Gegensatz zu der modernen, liberalen Entwicklungsarbeit, die sich auf die Gründe und nicht auf die Konsequenzen der Armut konzentriert, für eine ältere Tradition steht. Für ihre Arbeit ist es wichtig, die Wunden zu verbinden.«

Auch ihr Standpunkt zum Thema Abtreibung wurde in dem Leitartikel verteidigt:»Auch Heilige können unbequem sein. Aufgrund der Arbeit, die sie leistet, bereitet Mutter Teresa das Thema Abtreibung einen besonderen Schrecken, den sie, wo sie nur kann, zum Ausdruck bringt. Ihr Publikum weiß manchmal nicht, wo es hinsehen soll, und *Channel 4* wusste es auch nicht. Es ist bemerkenswert, wie die Abtreibung in der westlichen Gesellschaft von einem Thema, das Bedauern hervorrief, zum Symbol für Liberalismus und politische Korrektheit wurde.«[13]

Der Erzbischof von Westminster, Kardinal Basil Hume, beschrieb die Dokumentation im Nachhinein als eine »groteske Karikatur« und fügte hinzu:»Sie schaffte es, sich bei den Reichen und Mächtigen für die Armen einzusetzen. Ihre offene Güte und praktische Anteilnahme haben, ohne Worte, auf machtvolle Weise Millionen Menschen angesprochen.«[14]

Der Parlamentsabgeordnete David Alton schrieb einen Brief an den Leiter von *Channel 4*, der die Sendung verteidigte, und meinte, dass die Senderreihe *Ohne Mauern* (*Without Walls*), zu der die Dokumentation gehörte, eine »Tradition hat, die einzelnen Menschen die Möglichkeit gibt, ihre persönliche Meinung zu festgesetzten Ikonen zu verkünden, die üblicherweise bloß eine fraglos positive Presse bekommen«.

Die Dokumentation wurde nur in Großbritannien gezeigt, doch sobald Berichte darüber in anderen Teilen der Welt ankamen, sorgten sie natürlich auch dort für ähnlichen Aufruhr unter ihren Anhängern.

Im darauffolgenden Jahr startete der reuelose Hitchens einen weiteren Angriff, dieses Mal in Form des Buches *Die Missionarsstellung: Mutter Teresa in Theorie und Praxis* (*The Missionary Position: Mother Teresa in Theory and Practice*). Sein Versuch, sie in Verruf zu bringen, scheiterte ein zweites Mal. Sogar eine verärgerte ehemalige Schwester der Missionarinnen der Nächstenliebe konnte keinen wirklichen Schaden anrichten. Dennoch wurde das Buch in zahlreiche europäische Sprachen übersetzt, wodurch seine Kritik einem breiteren Publikum zugänglich gemacht wurde und unter anderem bei ihren Befürwortern in Italien, Spanien und Belgien Entsetzen auslöste und Grund zu Diskussionen gab. Hitchens führte seine Angriffe weiter, beispielsweise in dem französischen Magazin *Le Monde diplomatique*.

Mutter Teresa hatte jedoch dringendere Sorgen, als Hitchens Ablehnung. Sie war mittlerweile in ihren Achtzigern und ihr gesundheitlicher Zustand verschlechterte sich zusehends.

Kapitel 9

RÜCKKEHR NACH HAUSE

Im Juni 1997 veröffentlichten Zeitungen auf der ganzen Welt Fotos einer lächelnden Mutter Teresa, die gerade aus ihrer Niederlassung in der östlichen 145. Straße in der Bronx heraustritt und dabei die Hand der um einiges größeren Prinzessin Diana von Wales hält, die ein weißes Kostüm trägt. Die beiden Frauen unterhielten sich unter dem Blitzlichtgewitter der Kameras einige Minuten lang draußen auf dem Bürgersteig, dann beugte Diana sich hinunter und umarmte Mutter Teresa, bevor sie den Schaulustigen zuwinkte und in ihre Limousine stieg.

Für die Zeitungsmacher war es ein perfektes Bild: Die ältere Frau, von der behauptet wurde, sie sei eine lebende Heilige, und die sorgenschwere, wunderschöne englische Prinzessin, die ebenfalls versuchte, auf der Welt Gutes zu tun, indem sie sich für wohltätige Zwecke wie den Kampf gegen Aids und Kampagnen gegen Landminen einsetzte. Das Bild erhielt eine noch melancholischere Note, als beide Frauen nur einige Wochen später innerhalb von wenigen Tagen starben.

Mutter Teresa und Prinzessin Diana schienen ein ungleiches Paar zu sein. Mutter Teresa stammte aus einer einfachen Familie aus der tiefsten Provinz Osteuropas und hatte ihr gesamtes Erwachsenenleben als Nonne verbracht. Sie besaß nichts und lebte unter den Ärmsten der Armen. Sie hatte keine Zeit für Nichtigkeiten und war entsetzt über die Dekadenz und Trivialität der westlichen Kultur.

Diana, die jung genug war, um ihre Enkeltochter zu sein, war in einer adeligen Familie auf einem Landgut in England aufgewachsen. Ihre idyllische Kindheit fand mit der Scheidung ihrer Eltern ein plötzliches Ende; sie war damals acht Jahre alt. 1981 heiratete sie in der St. Paul's Kathedrale im Alter von neunzehn Jahren Prinz Charles, den zukünftigen König von England.

Als sie Mutter Teresa 1992 das erste Mal traf, hatten Prinz Charles und sie sich bereits getrennt, und sie war mittlerweile so unglücklich, dass sie bereits einen Selbstmordversuch hinter sich hatte.

Diana war von Mutter Teresa fasziniert. Während eines offiziellen Besuches in Indien zusammen mit Prinz Charles hatte sie das Mutterhaus der Missionarinnen der Nächstenliebe in Kalkutta besucht und gehofft, Mutter Teresa dort zu treffen, doch es wurde ihr mitgeteilt, dass diese sich gerade in einem Krankenhaus in Rom befände. Diana erhielt einen kurzen Brief, in dem sie sich für ihre Abwesenheit entschuldigte und die besten Wünsche übermittelte. Diana war jedoch fest entschlossen, sie zu treffen, und legte einen ungeplanten Zwischenstopp in Rom ein, um sie im Krankenhaus zu besuchen.

Sie trafen sich noch einmal in der Niederlassung der Missionarinnen der Nächstenliebe in Kilburn, im Nordwesten von London, und 1993, als Mutter Teresa London besuchte, um ein Obdachlosenheim in der Nähe der St. George's Kathedrale zu eröffnen. Dieses Mal lud Diana sie in den Kensingtonpalast ein.

Einer der Gründe, warum Mutter Teresa offensichtlich eine Verbindung zu Diana aufbauen konnte, war vielleicht, dass sie erkannt hatte, dass Diana zwar materiell gesehen reich, aber in spiritueller Hinsicht arm war. Möglicherweise konnte Mutter Teresa die Zerrissenheit und die Zurückweisung nachvollziehen, die Diana nach dem Scheitern ihrer Ehe verspürte. Natürlich war sie selbst nie verheiratet gewesen, doch sie hatte beinahe fünfzig Jahre lang mit dem Gefühl gelebt, von Gott zurückgewiesen worden zu sein. Vielleicht konnte sie sich mit der Leere, die Diana spürte, identifizieren.

Während ein Sonderbericht über Mutter Teresa in dem britischen Hochglanzklatschmagazin *Hello!* keine Kontroversen auslöste, traf das nicht auf ein Interview zu, das Mutter Teresa 1996 Daphne Barak gab, die sich selbst als »einzige erstklassige, weltweit für verschiedene Zeitschriften tätige Interviewerin« bezeichnete. Im Gegensatz zu den meisten anderen Menschen, die Barak interviewte, hatte Mutter Teresa keine PR-Berater. Das war wie ein Traum für eine Journalistin, die es gewohnt war, mit sorgfältig vorbereiteten Stars zu arbeiten.

Das Interview erschien in der Frauenzeitschrift *Ladies' Home Journal*, kurz nachdem bekannt gegeben worden war, dass sich Prinzessin Diana und Prinz Charles scheiden lassen würden. Als Mutter Teresa nach ihrer Meinung zu der Scheidung gefragt wurde, antwortete sie laut Barak:»Ich denke, es ist eine traurige Geschichte. Diana ist so eine traurige Seele. Sie gibt so viel Liebe, aber für sie ist es wichtig, dass diese auch zurückkommt. Wissen Sie was? Es ist gut, dass es vorbei ist. Es war sowieso niemand glücklich damit.«[1]

Wie vorauszusehen war, kam diese unerwartete Äußerung weltweit in die Schlagzeilen und löste im Vatikan einige Besorgnis aus. Mutter Teresa reagierte rasch und bestritt, dass sie sich für die Scheidung ausgesprochen hatte, als sie mit Barak sprach. Sogar wenn sie sich im Geheimen gedacht hätte, dass die Scheidung des Paares für alle das Beste wäre, hätte sie das nie öffentlich verlautet.

Falls sie falsch zitiert worden war, wäre es nicht das erste Mal gewesen. Nachdem sie an einer Pressekonferenz der Vereinigung Habitat in Vancouver teilgenommen hatte, erschien in einer Zeitung ein Artikel mit der Schlagzeile: »Mutter Teresa bekniet Trudeau: Kaufen Sie billigere Kleidung. Essen Sie weniger.« Sie hatte zwar von der Notwendigkeit gesprochen, dass die Menschen billigere Kleidung kaufen und weniger essen sollten, doch sie hatte Trudeau, den ehemaligen kanadischen Premierminister, dabei nie erwähnt.

IM KRANKENHAUS

Seit sie 1989 einen Herzschrittmacher erhalten hatte, litt Mutter Teresa unter Herzproblemen und war immer wieder in Unfälle verwickelt. Im Laufe der Neunzigerjahre begann sie auch, unter Gedächtnisverlust zu leiden. 1991 wurde sie in der Klinik und Forschungsstation Scripps in San Diego in Kalifornien wegen ihres Herzens und außerdem wegen einer bakteriellen Lungenent-

Der Abend vor Mutter Teresas
Beisetzung, 12. September
1997. Viele Menschen in
Kalkutta trauerten um sie.

zündung behandelt. Während eines Besuches in Tijuana in Mexiko unterzog sie sich einer Angioplastie mittels Ballondilatation. 1993 stürzte sie während eines Aufenthaltes in Rom im Badezimmer des Klosters, in dem sie wohnte, und brach sich drei Rippen. Im August desselben Jahres erkrankte sie, kurz bevor sie in Delhi einen Preis von der indischen Regierung übernehmen sollte, und musste ihren dreiundachtzigsten Geburtstag im Krankenhaus verbringen, teilweise auf der Intensivstation.

Es war ihr nicht möglich, im September an der Beisetzung von Pater Celeste Van Exem teilzunehmen, jenem weisen Jesuiten, der ihr spiritueller Berater gewesen war und ihr und ihren Schwestern in den Anfangstagen in Kalkutta geholfen hatte. In einer Nachricht hatte er ihr mitgeteilt, dass er eine Messe dafür abhalten würde, dass sie vielleicht bis zum nächsten Monat in China sein würde. Bei einem Treffen der Mitarbeiterinnen, das in diesem Jahr in Antwerpen stattgefunden hatte, hatte sie sich optimistisch gezeigt, dass sie von der chinesischen Regierung die Erlaubnis erhalten würde, eine Niederlassung zu eröffnen.

Aufgrund ihres schlechten Gesundheitszustandes schien eine solche Reise unwahrscheinlich, doch nur einige Wochen später betrat sie den Asphalt des Hongqiao-Flughafens in Schanghai. Sie reiste nach Peking, wo sie sich mit Deng Pufang traf, um die Möglichkeiten für die Eröffnung eines Hauses für behinderte Kinder zu diskutieren. Zu ihrer Enttäuschung erhielt sie jedoch keine Erlaubnis von der Regierung. Im Jahr darauf kehrte sie zurück, um es noch einmal zu versuchen, und traf sich erneut mit dem Erzbischof von Schanghai und dem Gründer des Chinesischen Verbandes Behinderter Menschen, Deng Pufang. Sie war optimistisch, dass sich ihr Traum von einer Niederlassung in China erfüllen würde, doch die Regierung blockierte ihre Pläne ein weiteres Mal.

1996 befand sie sich immer wieder im Krankenhaus, doch die Tatsache, dass vierzehn neue Niederlassungen eröffnet wurden, muss ihr wohl neue Lebenskraft verliehen haben. Zu den neuen Häusern zählten ihre ersten Nieder-

lassungen in Kreta, Wales, Dänemark und Senegal; außerdem war sie nach Nordirland zurückgekehrt, wo sich ihre Schwestern in Armagh niedergelassen hatten.

1997 wurde sie erneut in das Woodlands Sanatorium eingeliefert. Als sie der Erzbischof von Kalkutta, Henry D'Souza, dort besuchte, gestand sie ihm, dass sie voller Zweifel und Ängste war und nicht schlafen konnte. Ein Arzt erzählte ihm, dass sie während der Nacht so unruhig und rastlos wurde, dass sie begann, an den Kabeln zu zerren, mit denen sie verbunden war. Er war besorgt, dass möglicherweise ein böser Geist von ihr Besitz ergriffen hatte, und bat den italienischen Salesianermönch Pater Rosario Stroscio zu ihr zu kommen, um für sie zu beten.

Sie hatte einmal gesagt, dass sie keine Angst vor dem Tod habe, da sie ihn einfach als eine Rückkehr nach Hause betrachtete. In Lucinda Vardeys Buch *Mutter Teresa: Der einfache Weg* (*Mother Teresa: A Simple Path*) wird sie folgendermaßen zitiert:»Die Menschen fragen mich nach dem Tod und ob ich mich darauf freue, und ich antworte: ›Natürlich, denn ich kehre nach Hause zurück. Der Tod ist nicht das Ende, er ist erst der Anfang. Der Tod ist die Weiterführung des Lebens. Das ist die Bedeutung des ewigen Lebens: Es geschieht, wenn unsere Seelen zu Gott gehen, Gott sehen, mit Gott sprechen ... Wenn wir sterben, werden wir mit Gott zusammen sein und mit allen, die wir gekannt haben und die vor uns gegangen sind: Unsere Familie und unsere Freunde werden da sein und auf uns warten. Der Himmel muss ein wunderschöner Ort sein.‹«[2]

Kurz nachdem sie entlassen worden war, wurde sie nach einem weiteren Sturz wieder eingeliefert und einem Gehirnröntgen unterzogen. Zwei Monate später wurde sie in größter Eile in das auf Herzkrankheiten spezialisierte BM Birla Heart Institute in Kalkutta gebracht, wo man Blockaden in zwei Arterien löste.

Im März 1997 trafen sich 120 ihrer leitenden Schwestern in Kalkutta zu einem Generalkapitel, um die Generaloberin zu wählen, und es stand außer Frage, dass Mutter Teresa ihr Amt nicht würde weiter fortführen können. Zu ihrer Nachfolgerin wurde die 63 Jahre alte Schwester Nirmala Joshi gewählt. Die Tochter eines indischen Armeeoffiziers war in einer wohlhabenden nepalesischen Familie in Duranda im Nordosten Indiens aufgewachsen. Obwohl ihre Eltern der höchsten Hindukaste angehörten, war sie von christlichen Missionarinnen erzogen worden. 1958 trat sie im Alter von 24 Jahren zum Katholizismus über und im selben Jahr trat sie auch den Missionarinnen der Nächstenliebe bei, nachdem ihr ein amerikanischer Jesuit von Mutter Teresa erzählt hatte. Mutter Teresa schickte sie an die Universität von Kalkutta, um dort einen Abschluss in Jura zu machen, damit sie den Armen mit kostenloser Rechtshilfe zur Seite stehen konnte. Letzten Endes griff sie jedoch nie auf dieses Wissen zurück, sondern reiste stattdessen nach Venezuela, um dort die erste Niederlassung des Ordens in Übersee zu eröffnen. Später wurde sie 1976 zur Leiterin der ersten kontemplativen Niederlassung in der Bronx.

Mutter Teresa legte eine außergewöhnliche Kraft und Vitalität an den Tag und reiste im Mai 1997 zur Profess einiger ihrer Schwestern nach Rom. Dort traf sie sich auch mit Papst Johannes Paul II., um sich mit ihm über die Eröffnung eines Hauses für die Prostituierten der Stadt zu unterhalten. Im August trat sie gegen die Anweisungen ihres Arztes ihre letzte Überseereise nach Washington D.C. an, um dort die Goldene Ehrenmedaille des Kongresses entgegenzunehmen, die höchste zivile Auszeichnung der Vereinigten Staaten, zu deren

Preisträgern George Washington, die Gebrüder Wright, Walt Disney und Frank Sinatra zählten. Danach reiste sie nach New York, wo sie ihre Schwestern in der Bronx besuchte und Prinzessin Diana traf.

Mutter Teresa scheint gewusst zu haben, dass der Tod nicht mehr allzu weit entfernt war. Vielleicht zum Teil auch deshalb, weil Schwester Agnes, die erste Schwester der Missionarinnen der Nächstenliebe, einige Wochen zuvor, nach dem Generalkapitel, gestorben war und sowohl Ann Blaikie als auch Jacqueline Decker, die sie beide seit den Anfangstagen unterstützt hatten, im Vorjahr ebenfalls gestorben waren. Im Juli erklärte sie einem Freund: »Meine Arbeit ist getan.«[3]

Am 31. August 1997 wurde bekannt, dass die 36 Jahre alte Prinzessin Diana gestorben war. Der Mercedes, in dem sie zusammen mit Dodi Al Fayed, dem Sohn des Besitzers des Kaufhauses Harrods', Mohammed Al Fayed, saß, hatte in den frühen Morgenstunden in einem Tunnel im Zentrum von Paris einen Unfall gehabt. Das Paar hatte dort zuvor einen Abend im Hotel Ritz genossen.

Am nächsten Morgen erschien Mutter Teresa überraschend auf dem Balkon des Mutterhauses in Kalkutta; sie saß in einem Rollstuhl und hielt ein Bild von Prinzessin Diana umklammert. Es war das letzte Mal, dass sie in der Öffentlichkeit gesehen wurde.

Einige Tage später kam eine Schwester in ihr Zimmer und sah, dass sie sich zu einem Christusbild gedreht hatte und murmelte: »Jesus, ich habe dir niemals etwas verweigert.«

Am 5. September starb sie. Nachdem sie über Schmerzen in der Brust geklagt hatte, war sie von einem Arzt untersucht worden. An diesem Abend hätte sie an einem Gebetsgottesdienst für Prinzessin Diana teilnehmen sollen, doch sie war zu schwach. Um 9.30 Uhr erlitt sie einen Herzinfarkt und »ging nach Hause zu Gott«, wie sie es selbst gerne bezeichnet hatte. In ihrem Todesjahr jährte sich zufälligerweise auch der Tod der hl. Thérèse von Lisieux zum hundertsten Mal; einige Wochen später wurde diese als erst dritte Frau zu einem katholischen Kirchenlehrer ernannt.

EIN STAATSBEGRÄBNIS

Die Bekanntmachung der indischen Regierung, dass Mutter Teresa ein Staatsbegräbnis erhalten sollte, eine Ehre, die sonst nur dem Staatsoberhaupt oder führenden politischen Persönlichkeiten zuteil wurde, wurde von einer militanten Hindugruppe mit Verärgerung aufgenommen. Der Generalsekretär der Vishwa Hindu Parishad, dem Weltrat der Hindus, meinte auf einer Pressekonferenz in Neu-Delhi: »Ich verstehe nicht, warum die durch und durch religiöse Mutter Teresa ein Staatsbegräbnis erhält, wenn doch das Motiv ihrer Arbeit die Bekehrung zum Christentum war.«

Diese Reaktion kam nicht überraschend, nicht zuletzt deshalb, weil Mutter

Teresa 1995 einige Hindus verärgert hatte, als sie an einem Gebetsgottesdienst und einem Gebetsfasten in der Herz-Jesu-Kathedrale in Delhi zugunsten der Dalit-Christen teilgenommen hatte, damit diese Zugang zu Staatsposten erhielten, die bis dahin den Hindus der niedrigen Kasten vorbehalten gewesen waren. Auf einer Pressekonferenz bestritt sie, gewusst zu haben, dass der Gottesdienst in der Kathedrale ein Teil des Dalit-Protestes gewesen war. Es führte nur noch zu mehr Kontroversen, als bekannt wurde, dass der Hilfsbischof von Neu-Delhi, Vincent Consessao, sie auf das Treffen vorbereitet und ihr Hintergrundinformationen geschickt hatte.

Die indische Regierung ignorierte die Proteste und die Pläne für das Begräbnis schritten voran. Man wollte ihre gewaltige wohltätige Arbeit in Indien und ihre Popularität unter vielen Menschen im Land würdigen. Der glamouröse Bollywoodstar Madhuri Dixit und die Popsängerin Usha Uthup waren nur zwei berühmte Inderinnen, die sie unterstützt hatten. Mutter Teresa hatte Kalkutta nie öffentlich angeschwärzt, wie Chatterjee behauptete, sondern im Gegenteil immer nur voller Zuneigung von der Stadt, ihrer Kultur und den Leuten gesprochen.

Ihr Körper wurde zunächst in die St. Thomas' Kirche gebracht, wo Tausende ihr den letzten Tribut zollten. Sie lag acht Tage dort und mit der Zeit tauchten in den Medien Gerüchte auf, wonach ihr Körper bereits zu verwesen begonnen hätte. Diese Gerüchte wurden von den Missionarinnen der Nächstenliebe sofort zurückgewiesen.

Am 13. September trugen acht Soldaten mit blauen Kappen ihren offenen Sarg aus der Kirche hinaus und stellten ihn auf dieselbe Lafette, auf der 1948 Mahatma Gandhi zu seinem Bestattungsscheiterhaufen gebracht worden war. Sie wurde von einem Militärlastwagen gezogen, der mit Girlanden aus Jasmin geschmückt worden war. Die Prozession bahnte sich ihren Weg durch die Straßen, angeführt von einer Militärkapelle aus Dudelsackspielern und einem Kontingent von Soldaten mit roten Turbanen, und die Polizei musste Menschen

RÜCKKEHR NACH HAUSE

Die indische Regierung
veranstaltete für Mutter
Teresa ein Staatsbegräbnis,
13. September 1997.

zurückhalten, die versuchten, den Sarg zu berühren. Andere warfen Blumen auf den Sarg, als dieser an ihnen vorbeizog. Manche Berichte sprechen von einer Million Menschen, die sich entlang der etwa fünf Kilometer langen Strecke zum Netaji Stadion eingefunden hatten.

Unter den geschätzt 15.000 Trauernden innerhalb des Stadions befanden sich Hillary Clinton, Königin Nur von Jordanien, Königin Sophia von Spanien, der italienische Präsident Oscar Scalfaro, Bernadette Chirac aus Frankreich, Rajiv Gandhis Witwe Sonia, die Präsidenten von Albanien und Ghana sowie die Herzogin von Kent, die Queen Elisabeth II. vertrat.

Trotz des prunkvollen Ereignisses baten die Missionarinnen der Nächstenliebe darum, dass die Hälfte der Plätze im Stadion für die Armen und Kranken reserviert werden sollte. Mutter Teresas Sarg wurde auf einem Podium abgestellt und mit der grün, weiß und safranfarbigen Flagge ihres Wahlheimatlandes eingehüllt. Sie trug ihren typischen weißen Sari mit den blauen Streifen und man hatte ihr ihren Rosenkranz und ihr Kruzifix in die Hände gelegt. Auf einem großen Transparent vor dem Altar stand der Spruch: »Werke der Liebe sind Werke des Friedens.«

Die Lesungen aus der Bibel fanden auf Bengalisch und Hindi statt und ein Chor aus zahlreichen Mitgliedern der Missionarinnen der Nächstenliebe

sang Teile der Messe. Im Zuge des Offertoriums, bei dem Brot, Wein und Wasser zum Altar gebracht wurden, trug ein Leprapatient den Wein, ein behinderter Mann das Brot und eine aus dem Gefängnis entlassene Frau das Wasser.

Der Staatssekretär des Vatikans und persönliche Vertreter von Papst Johannes Paul II., Kardinal Angelo Sodano, feierte gemeinsam mit dem Erzbischof von Kalkutta, Henry D'Souza, und Dutzenden anderen Bischöfen und Priestern die Messe. Er sagte: »Sie hat diese Welt etwas gelehrt: Es ist heiliger zu geben, denn zu nehmen.«

In Bezug auf die Kritik, die von einigen verlautbart worden war, meinte er: »Mutter Teresa war sich dieser Kritik bewusst. Sie zuckte nur mit den Schultern, als wolle sie sagen: ›Während ihr über die Gründe und Erklärungen diskutiert, knie ich neben den Ärmsten der Armen und kümmere mich um ihre Bedürfnisse.‹«

Am Ende der dreistündigen Feier standen Botschaften von Vertretern der Hindus, Muslime, Sikhs, Buddhisten, Parsen und Anglikaner. Danach wurde ihr Körper in das Mutterhaus in der Lower Circular Road gebracht, um dort in privatem Rahmen beigesetzt zu werden.

Obwohl Malcolm Muggeridge und die beiden Petrie-Schwestern Dokumentationen über Mutter Teresa gedreht hatten, konnte sie den ersten Film über ihr Leben mit dem Titel *Im Namen der Armen Gottes* (*In the Name of God's Poor*) nicht mehr mit eigenen Augen sehen. Sie wurde von der amerikanischen Schauspielerin Geraldine Chaplin, der Tochter der Leinwandlegende Charlie Chaplin, verkörpert, die 1965 in dem Epos *Doktor Schiwago* mitgespielt hatte. Autor und Produzent des Films war Dominique Lapierre, der als Auslandskorrespondent für die französische Illustrierte *Paris Match* gearbeitet hatte. Er hatte Mutter Teresa in den 1980er-Jahren während seines Aufenthaltes in Kalkutta zum ersten Mal kennengelernt, als er Recherchen für seinen Roman *Stadt der Freude* anstellte, der später in die Bestsellerlisten kam und auch verfilmt wurde. Kathryn Spink schrieb in ihrem Buch *Mutter Teresa: Eine Autorisierte*

Biografie (*Mother Teresa: An Authorized Biography*), dass Mutter Teresa bereits 1982 eine Vereinbarung unterschrieben hatte, die ihm erlaubte, einen Film über ihr Leben zu drehen, dass sie diese jedoch später wieder zurückgezogen hatte. Als der französische Filmemacher ihr versicherte, dass der Inhalt des Films ihre spirituellen Ziele widerspiegeln würde, stimmte sie zu, nur um die Erlaubnis erneut zurückzuziehen. Als der Film 1997 im amerikanischen Fernsehen gezeigt wurde, lag sie bereits im Sterben.

Mutter Teresa hinterließ beinahe 4.000 Schwestern der Missionarinnen der Nächstenliebe und 610 Niederlassungen in 123 Ländern. In ihren weißen Saris mit den blauen Streifen und dem weißen Schleier waren die Schwestern nicht nur zum berühmtesten Nonnenorden der Welt geworden, sie waren auch genauso leicht zu erkennen wie die Beefeater, die den Tower in London bewachen. Trotzdem waren sie nicht der größte Nonnenorden der Welt. So haben die Don-Bosco-Schwestern beispielsweise 15.000, die Karmeliterinnen beinahe 12.000 und sowohl die franziskanischen Missionarinnen der Jungfrau Maria als auch die Klarissen rund 7.000 Mitglieder. Doch viele Menschen und sogar Katholiken haben noch nie etwas von diesen Orden gehört, geschweige denn, dass sie fähig wären, sie auf der Straße wiederzuerkennen.

Mutter Teresa hatte außerdem einen Orden der kontemplativen Schwestern, einen aktiven und einen kontemplativen Bruderorden und den Orden der Missionsbrüder der Nächstenliebe gegründet. Darüber hinaus gehörten die Gruppe der Mitarbeiter, die Priesterbewegung Corpus Christi, Laienmissionarinnen und freiwillige Helfer zu der Familie der Missionarinnen der Nächstenliebe.

Die Frage, die sich nun stellte war: Würde sie der Vatikan offiziell heilig sprechen, und wenn ja, wann?

Kapitel 10

HEILIGKEIT UND RUHM

Nur einige Wochen nach Mutter Teresas Tod im September 1997 bat der Erzbischof von Kalkutta, Henry D'Souza, die Kongregation für die Selig- und Heiligsprechungsprozesse im Vatikan darum, die übliche Wartezeit von fünf Jahren aufzuheben und sofort mit dem Kanonisierungsprozess zu beginnen. Nachdem Mutter Teresa ohnehin bereits in dem Ruf gestanden hatte, eine Heilige zu sein, kam es nicht überraschend, dass die Zustimmung im Oktober erteilt wurde.

Der Kanonisierungsprozess ist eine relativ späte Entwicklung innerhalb der katholischen Kirche. In den ersten tausend Jahren wurden Männer und Frauen nicht durch einen formalen Prozess heiliggesprochen, sondern durch ihre Mitmenschen. Um ein Heiliger oder eine Heilige zu werden, musste man den Märtyrertod gestorben sein oder im Gefängnis gesessen haben. Später wurden auch Menschen heiliggesprochen, die ein Leben der ausgesprochenen Heiligkeit gelebt hatten – die Mehrzahl von ihnen waren Priester, Mönche oder Nonnen. Heute müssen zwei Wunder nachgewiesen werden, um von der Kirche als Heiliger oder Heilige anerkannt zu werden.

Obwohl manche Menschen den gesamten Prozess der Heiligsprechung in gewisser Hinsicht als bizarr empfinden, basiert er doch auf einer der grundlegendsten Lehren der Kirche, die in den Evangelien der Apostel und im Bekenntnis von Nizäa (Glaubensbekenntnisse, an die die Mehrheit der Christen glaubt) festgehalten ist – nämlich auf der Gemeinschaft der Heiligen. Mit anderen Worten: Es geht dabei um die Vorstellung, dass unser Leben auf der Erde mit jenen in Verbindung steht, die den Tod bereits durchlebt haben und nun in der Gegenwart Gottes leben. Katholiken glauben daran, dass man als Christ nicht nur andere Menschen auf dieser Welt darum bitten kann, für einen zu beten, sondern auch diejenigen, die nun bei Gott sind.

Pater Brian Kolodiejchuk, ein kanadischer Missionsbruder der Nächstenliebe, wurde mit der Leitung des Heiligsprechungsprozesses betraut und bekleidete damit die Position des Postulators. Der Prozess begann im Juli 1999 mit der Vereidigung der zwölf Mitglieder der Prüfungskommission der Diözese in der St. Mary's Kirche in Kalkutta. Ihre Aufgabe war es nun, Interviews mit jenen durchzuführen, die Mutter Teresa getroffen hatten, und ihre Schriften zu untersuchen.

Sie verbrachten zwei Jahre damit, Beweise zu sammeln, und verfügten am Ende über achtzig je 450 Seiten starke Bände, die an die Kongregation für die Selig- und Heiligsprechungsprozesse in Rom geschickt wurden. Unter den Personen, die interviewt worden waren, befanden sich auch zwei ihrer erbittertsten Kritiker, nämlich Christopher Hitchens und Aroup Chatterjee, der im Büro der Diözese von Westminster Antworten auf 263 Fragen zu Mutter Teresas Leben und Arbeit beantwortete.

Im September 2001 verbreitete die amerikanische Nachrichtenagentur *Associated Press* weltweit das Gerücht, dass Mutter Teresa von Pater Rosario Stroscio nicht lange vor ihrem Tod 1997 einem Exorzismus unterzogen worden war, als dieser sie im Woodlands Sanatorium in Kalkutta besucht hatte. Als Quelle wurde Erzbischof D'Souza persönlich zitiert, der diesbezüglich etwas in einem Interview mit der italienischen Tageszeitung *Il Messaggero* gesagt haben soll. Er stritt diese Behauptung jedoch ab und meinte, er sei falsch zitiert worden.

Die Heiligsprechung Mutter Teresas würde bedeuten, dass ihr ein Feiertag im liturgischen Kalender der katholischen Kirche gewidmet werden würde und es die Möglichkeit gäbe, Kirchen und Altäre nach ihr zu benennen; doch zuerst musste sie seliggesprochen werden. Dazu war es notwendig, ein Wunder nachzuweisen.

Bald war es tatsächlich so weit. Im Juni 2002 entschied eine aus medizinischen Experten bestehende Kommission, dass Monica Besra, die in einem Dorf etwa 400 Meilen nordöstlich von Kalkutta lebte und an Magenkrebs gelitten hatte, 1988 durch Mutter Teresas Gebete geheilt worden war. Die Ergebnisse ihrer Untersuchungen wurden von zwei Gruppen von Theologen unter die

Papst Johannes Paul II. verlässt den Petersplatz am Ende von Mutter Teresas Seligsprechungszeremonie am 19. Oktober 2003 in Vatikan Stadt in Italien. Mutter Teresa war zur Seligen Mutter Teresa von Kalkutta geworden und nur noch einen Schritt von ihrer Heiligsprechung entfernt.

»Gott ist überall und in allem und ohne ihn können wir nicht existieren. Ich habe nie auch nur für einen Moment an der Existenz Gottes gezweifelt, doch ich weiß, dass es manche Menschen tun.«

Lupe genommen und schließlich von der Kongregation für die Selig- und Heiligsprechungsprozesse bestätigt.

Vor der Kulisse des mit Menschen vollgestopften Petersplatzes sprach Papst Johannes Paul II. Mutter Teresa am 19. Oktober 2003 selig; sie war nun die Selige Mutter Teresa und ihre Heiligsprechung war einen Schritt näher gerückt.

PAPST JOHANNES PAUL II. UND MUTTER TERESA

Mutter Teresa und Papst Johannes Paul II. betrachteten sich beide als Missionare, die die Botschaft der Evangelien in die entferntesten Winkel der Welt tragen wollten. Der offizielle Biograf Papst Johannes Pauls II., George Weigel, meinte: »Wann immer sie sich trafen (und das taten sie für gewöhnlich in Rom), wollte die Nonne darüber sprechen, wie sich ihr Orden, die Missionarinnen der Nächstenliebe, ausbreitete. ›Ich habe eine neue Niederlassung in Russland eröffnet‹, oder: ›Ich habe eine neue Niederlassung in China eröffnet.‹«[1]

Obwohl Mutter Teresas Traum von einer Niederlassung in China nie Wirklichkeit wurde, war sie doch drei Mal dorthin gereist. Als Papst Johannes Paul II. 2005 starb, blieben zwei seiner Ziele unerreicht, nämlich eine Reise nach China und eine Reise nach Russland. Im Gegensatz dazu hatte Mutter Teresa mehrere Reisen nach Russland unternommen. Darüber hinaus hatte sie 1991 den Irak besucht. Dies wollte der Papst im Jubiläumsjahr 2000 als Teil seiner Pilgerreise in Abrahams Fußstapfen ebenfalls tun, doch die Reise musste aus politischen Gründen abgesagt werden. Nachdem Mutter Teresa eine weniger politische Figur war als der Papst, hatte sie bezüglich ihrer Reisen offensichtlich mehr Freiheiten und es gab für sie keine Grenzen. Eine Regierung mochte muslimisch, buddhistisch, orthodox oder atheistisch sein – für sie machte es keinen Unterschied.

DIE BRIEFE

In Lucinda Vardeys Buch *Mutter Teresa: Der einfache Weg* (*Mother Teresa: A Simple Path*) wird Mutter Teresa folgendermaßen zitiert: »Gott ist überall und in allem, und ohne ihn können wir nicht existieren. Ich habe nie auch nur für einen Moment an der Existenz Gottes gezweifelt, doch ich weiß, dass es manche Menschen tun.«[2] Das war genau die Art von Kommentar, die die meisten Menschen von ihr erwarteten.

Bereits seit ihren ersten Tagen in Kalkutta hatte sie wiederholt gebeten, dass ihre Briefe zerstört werden sollten, da sie das Gefühl hatte, die allgemeine Aufmerksamkeit würde sich durch sie mehr auf sie selbst und nicht auf Gott richten. Erzbischof Perier erklärte ihr jedoch, dass die Briefe das Eigentum des Ordens seien. 1999 sandten die Jesuiten in Kalkutta Mutter Teresas Briefe und Tagebücher an Pater Kolodiejchuk, der die Aufgabe hatte, Belege für ihre Heiligsprechung zu sammeln. 2001 veröffentlichte er einige der Schriftstücke im *Journal of Theological Reflection*, einer Zeitschrift der indischen Jesuiten, und offenbarte damit zum ersten Mal eine neue Seite an ihr. Sie beschrieb die innere Dunkelheit und das Gefühl, nicht von Gott geliebt zu werden, und gestand, dass sie sich fragte, ob er tatsächlich existierte.

Da die Veröffentlichung der Briefe mit den terroristischen Attentaten auf das World Trade Center zusammenfiel, blieb das Medieninteresse gering. Aus irgendeinem Grund war das auch der Fall, als die römische Online-Nachrichtenagentur *Zenit* ihre Schriftstücke in vier Teilen unter dem Titel *Die Seele Mutter Teresas: Versteckte Aspekte ihres Seelenlebens* (*The Soul of Mother Teresa: Hidden Aspects of Her Interior Life*) veröffentlichte.

Als Pater Kolodiejchuk 2007 eine Sammlung der Briefe und Schriftstücke in dem Buch *Mutter Teresa: Komm, sei mein Licht* (*Mother Teresa: Come Be My Light*) veröffentlichte, hatte sich die Lage jedoch geändert. Dieses Mal sorgten sie für Aufregung innerhalb der Medien und führten zu Schlagzeilen wie

Bevor die Briefe veröffentlicht worden waren, war Mutter Teresa für viele bloß eine ältere und sehr heilige Frau gewesen. Wenn man jedoch von ihren Kämpfen mit ihrem Glauben las, dann wirkte sie realer und es war einfacher, eine Verbindung herzustellen.

»Briefe offenbaren, dass Mutter Teresa von Zweifeln über ihren Glauben gequält wurde« in der britischen Tageszeitung *The Times*, »Das geheime Leben von Mutter Teresa« über dem Foto einer niedergeschlagen wirkenden Mutter Teresa auf dem amerikanischen Nachrichtenmagazin *TIME* und dem noch reißerischen »Glaubte Mutter Teresa an Gott?« in der britischen Zeitung *Daily Mail*. Die spanische Zeitung *Ideal* gab sich zurückhaltender, die Schlagzeile lautete: »Teresa von Kalkutta verbrachte die letzten 50 Jahre in einer spirituellen Krise«. Viele Kommentare im Internet liefen auf dieselbe Frage hinaus, die auch die *Daily Mail* gestellt hatte: War sie Atheistin gewesen? Die italienische Zeitung *La Repubblica* brachte ein Interview mit dem spanischen Kardinal Julian Herranz, einem Mitglied der Kongregation für die Selig- und Heiligsprechungsprozesse, der klarstellte, dass diese Enthüllungen sich in keiner Weise negativ auf den Prozess ihrer Heiligsprechung auswirken würden.

Die Christen selbst schienen genauso überrascht gewesen zu sein, als sie von den Kämpfen in ihrem Inneren erfuhren. Die Fernsehproduzentin Mary Rose Bacani, die 2005 eine Dokumentation über Mutter Teresa gedreht hatte, sprach wahrscheinlich für viele, als sie meinte, dass Mutter Teresa, bevor die Briefe veröffentlicht worden waren, für sie bloß eine ältere und sehr heilige Frau gewesen war. Wenn man jedoch von ihren Kämpfen mit ihrem Glauben las, dann wirkte sie realer und es war einfacher, eine Verbindung herzustellen.

Die Reaktion mancher Christen wurde wohl am besten von einem Cartoon in dem amerikanischen Magazin *Christianity Today* ausgedrückt. Hier sah man einen Zeitungsleser, der meinte: »Mit anderen Worten: Die Gläubigen waren geschockt, dass eine Frau, die ihr Leben in Keuschheit und Armut gelebt und sich um die Leprakranken gekümmert hat, ab und zu einen schlechten Tag gehabt hat ...«

Pater Jonathan Moores, der Religionsbeauftragte des Nachrichtensenders *Fox News* in Rom, versuchte eines klarzustellen: »Niemand schafft das, was Mutter Teresa all die Jahre getan hat, wenn er keinen Glauben hat. Und das

Obwohl Mutter Teresa von Zweifeln geplagt wurde, schien sie nie einen Widerspruch zwischen dem liebenden Gott und der Existenz von Leid gesehen zu haben.

15. April 2000: Ein Mann wird im Spital der Stadt Kabridahar in Äthiopien wegen Unterernährung und Tuberkulose behandelt. Das Leid, das Mutter Teresa an Orten wie Äthiopien sah, ließ sie ihren Glauben an Gott nicht infrage stellen.

macht den Unterschied aus. Hegte Mutter Teresa auf menschlicher Ebene Zweifel an ihrem Glauben? Natürlich tat sie das. Wir tun es alle. Doch hat sie diesem Zweifel auf spiritueller Ebene nachgegeben? Nein.«

In einem Interview mit Radio Vatikan meinte Pater Raniero Cantalamessa, ein italienischer Priester, der als Prediger des Papstes bekannt war, dass diese »dunkle Nacht ihrer Seele« – also ihr Gefühl der Abwesenheit Gottes in ihren Gebeten – sie davor bewahrt hatte, an der Lobhudelei, die ihr manche Medien als lebende Heilige angedeihen ließen, zu zerbrechen.

Die Veröffentlichung von *Komm, sei mein Licht* rief Christopher Hitchens wieder auf den Plan, der in einem Artikel im Nachrichtenmagazin *Newsweek* meinte, dass die Briefe beweisen würden, dass Mutter Teresa nicht an Gott geglaubt hatte und ihr ganzes Leben eine Scharade gewesen sei.

Damit hatte er jedoch Unrecht. Die Briefe und Tagebucheintragungen schilderten keinen Mangel an Glauben, sondern blinden Glauben. Die Dunkelheit, die Mutter Teresa durchlitt, stellt eine Gemeinsamkeit der Leben vieler Mystiker dar. Der spanische Karmelitermönch hl. Johannes vom Kreuz, Mutter Teresas Namensvetterin und französische Karmeliterin, die hl. Thérèse von Lisieux und die hl. Johanna Franziska von Chantal, die Gründerin der Salesianerinnen, waren nur einige derer, die ebenfalls in ihrem Leben über eine lange Zeit hinweg eine so mächtige spirituelle Finsternis erlebt hatten. Pater Kolodiejchuk bemühte sich, hervorzuheben, dass es »eine Sache ist, in eine Glaubenskrise zu gelangen, und eine andere, seinen Glauben auf die Probe zu stellen«.[3]

Der hl. Vinzenz von Paul sagte über die hl. Johanna Franziska: »Sie war voller Glauben, doch ihr ganzes Leben lang wurde sie von Zweifeln gequält.« Er hätte damit leicht auch Mutter Teresa meinen können. Diejenigen, für die ihre Briefe ein Beweis dafür waren, dass sie eigentlich nicht an Gott glaubte, zeigten damit nur, dass sie keine Ahnung hatten von der komplexen Natur des Glaubens und dem Führen eines religiösen Lebens.

Pater Benedict Groeschel, Mitbegründer der radikalen Franziskaner der Er-

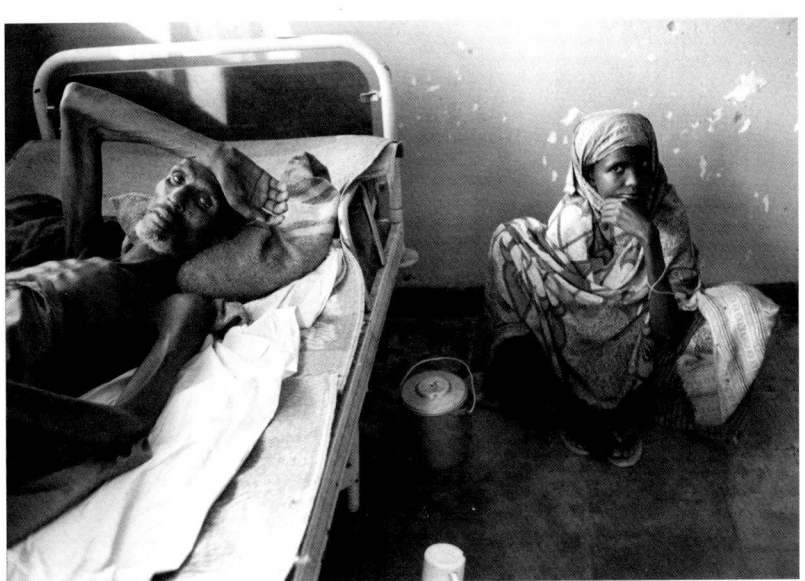

neuerung, lernte Mutter Teresa während ihrer vielen Besuche in New York sehr gut kennen. Er erinnerte sich: »Während sie diese Dunkelheit verspürte, hielt ich um vier Uhr am Nachmittag ein heiliges Stundengebet in der brütenden Sommerhitze in dem kleinen Haus in der südlichen Bronx, in dem die Schwestern lebten, und Mutter Teresa war tief im Gebet versunken.«[4] Er behauptete sogar, sie sei eine Prophetin gewesen, wobei er damit nicht meinte, dass sie in die Zukunft sehen konnte, sondern, dass sie die Wahrheit sagte, wenn andere Menschen diese nicht hören wollten.

LEID

Die Frage, wie man einen liebenden Gott mit dem Leid auf dieser Welt in Einklang bringen kann, stellt sich vielen Menschen und Theologen haben sich jahrhundertelang mit dieser Frage beschäftigt. Obwohl Mutter Teresa von Zweifeln geplagt wurde, schien sie nie einen Widerspruch zwischen dem liebenden Gott und der Existenz von Leid gesehen zu haben. Und sie hatte mehr leidende Menschen gesehen als die meisten von uns: angefangen bei den ausgemergelten Männern und Frauen in ihren Sterbehäusern in Indien, über Aids-Patienten in New York und den schmerzverzerrten Gesichtern der Opfer der Hungersnot in Äthiopien, bis hin zu den geistig behinderten Kindern im vom Krieg gebeutelten Beirut. Wenn man sie zu diesem Leid befragte, meinte sie immer, dass nicht Gott dafür verantwortlich sei, sondern letzten Endes die Menschen, die ihren freien Willen falsch einsetzten. Sie sagte einmal: »Wenn ein armer Mensch verhungert, passiert es nicht, weil Gott nicht auf ihn oder sie aufgepasst hat. Es passiert, weil weder Sie noch ich bereit waren, diesem Menschen zu geben, was er brauchte. Wir weigern uns, als Instrumente der Liebe in Gottes Händen zu wirken, um den Armen ein Stück Brot und ein paar Kleider zu geben, die sie vor der Kälte schützen.«[5]

Ihr spiritueller Kampf zeigte ihr, dass Gott trotz der ausgefeilten und theologisch vernünftigen Häppchen, die die Kirche anbot, um den christlichen Glauben zu erklären, am Ende ein Mysterium blieb. Sie erzählte gerne die berühmte Geschichte des hl. Augustinus von Hippo, der einen Jungen traf, der versuchte, ein Loch mit Wasser zu füllen. Als der hl. Augustinus ihm erklärte, dass das unmöglich sei, meinte er:»Es ist immer noch einfacher, einen Ozean in dieses Loch zu füllen, als das Mysterium Gott zu verstehen.«

Wenn sie über die Armut sprach, betonte sie stets, dass die Welt unter einer spirituellen Armut litt; und nur wenige hätten vermutet, dass sie diese selbst erlebt hatte.»Manchmal hungern Menschen nach mehr als nur Brot. Es ist möglich, dass unsere Kinder, unser Ehemann und unsere Ehefrau keinen Hunger nach Brot verspüren, keine Kleider benötigen und ihnen kein Dach über dem Kopf fehlt. Doch sind wir uns genauso sicher, dass sich keiner von ihnen alleine, sich selbst überlassen und vernachlässigt fühlt und etwas Zuwendung braucht? Das ist ebenfalls Armut.«[6]

NOCH MEHR KRITIK

Nach Mutter Teresas Tod setzte sich die Kritik an den Missionarinnen der Nächstenliebe fort. Sowohl in einer Fernsehdokumentation aus dem Jahre 2001 als auch in einem Artikel des deutschen Magazins *Stern* wurde der Vorwurf laut, dass der Orden nicht imstande war, für eine ordentliche Finanzabrechnung zu sorgen. 2005 gab sich der Undercoverreporter Donal MacIntyre als Freiwilliger aus und verbrachte eine Woche im Daya Dan Heim für körperlich und geistig behinderte Kinder in Kalkutta, wo er heimlich mitfilmte. Der Film, der in Großbritannien von dem Fernsehsender *Channel 4* ausgestrahlt wurde, zeigte, wie die Kinder von den Schwestern und Freiwilligen vernachlässigt und schlecht behandelt wurden. Das Heim wurde nicht als Ort des Mitgefühls, sondern als Ort der Grausamkeit dargestellt. Das ist nicht schwer vorstellbar, wenn man bedenkt, wie fordernd und schwierig die Aufgabe war, der die Schwestern gegenüberstanden.

Als Reaktion auf den Film versicherte Schwester Nirmala, dass diese Anschuldigungen ernst genommen werden würden, und erklärte, dass körperliche Einschränkungen nur für kurze Zeitspannen eingesetzt werden würden, wenn es für die Sicherheit der Kinder notwendig sei.

Für Kontroversen anderer Art sorgte der Umstand, dass Hillary Clinton 2008 ein Foto Mutter Teresas für ihren Wahlkampf für die Kandidatur zur demokratischen Präsidentschaftskandidatin verwendete. Auf das Bild, das Hillary Clinton zeigte, wie sie neben Mutter Teresa stand und der Menge zuwinkte, folgte ein Ausschnitt, der sie bei einer Rede zeigte, die sie 1995 vor der Internationalen Frauenkonferenz in Peking gehalten hatte; sie sagte: »Es ist nicht länger akzeptabel, dass die Rechte der Frauen getrennt von den Menschenrechten diskutiert werden.«[7] Auf Bitte der Missionarinnen der Nächstenliebe hin wurde das Bild entfernt.

REVOLUTIONÄR

Während einige der Methoden, die Mutter Teresa in ihren Heimen eingeführt hatte, als unzeitgemäß bezeichnet werden können, galt sie in anderen Bereichen als Pionierin. Obwohl das Zweite Vatikanische Konzil mit dem Dokument *Nostra Aetate* (*In unserer Zeit*) anerkennt, dass andere Religionen »einen Strahl jener Wahrheit erkennen lassen, die alle Menschen erleuchtet«, stand der interreligiöse Dialog für die katholische Kirche erst mit der Ernennung von Papst

Johannes Paul II. ganz oben auf der Liste der wichtigsten Ziele. Die Zusammenkunft der obersten Würdenträger aller Weltreligionen in Assisi im Jahre 1986, die auf seine Initiative hin stattgefunden hatte, zeigte, dass der Vatikan eine neue Einstellung gegenüber anderen Religionen angenommen hatte.

Vom ersten Tag des Bestehens der Missionarinnen der Nächstenliebe an lebte Mutter Teresa den interreligiösen Dialog, indem sie mit Hindus, Muslimen und Menschen anderer Religionszugehörigkeiten arbeitete. Sie sagte einmal: »Es gibt nur einen Gott und Er ist unser aller Gott; deshalb ist es wichtig, dass jeder von uns als gleichwertig vor Gott betrachtet wird. Ich habe immer gesagt, dass wir einem Hindu helfen sollen, ein besserer Hindu zu werden, einem Moslem, ein besserer Moslem zu werden, und einem Katholiken, ein besserer Katholik zu werden.«[8]

Gleichzeitig stellte sie jedoch auch klar, dass sie wollte, dass jeder Mensch Christus kennenlernte. Sie musste sich nur den winzigen Anteil von Christen in Indien ansehen, um zu wissen, dass das niemals geschehen würde. Sie sprach eher davon, Herzen zu bekehren, und sagte einmal: »Nicht einmal der allmächtige Gott kann einen Menschen bekehren, wenn dieser es nicht will.«[9]

Obwohl sie offen für das Gute in allen Religionen war, distanzierte sie sich von dem Kurs, den die Theologen in Asien eingeschlagen hatten; darunter beispielsweise Pater Tissa Balasuriya, ein Mitglied der Oblaten aus Sri Lanka, und der belgische Jesuit Pater Jacques Dupuis, deren Interpretation der katholischen Doktrin im Vatikan auf Ablehnung stieß.

Lange bevor das Thema Umweltschutz für die Politiker und Menschen im Westen zu einem primären Anliegen wurde, hatte Mutter Teresa bereits Projekte ins Leben gerufen, in denen Frauen lernten, ihren Lebensunterhalt mit der Herstellung von Einkaufstüten aus recyceltem Papier zu verdienen. Darüber hinaus achtete sie in ihren Niederlassungen darauf, dass ihre Schwestern nichts verschwendeten und ein einfaches und sparsames Leben führten. Als ein Reporter sie einmal fragte, ob sie denn nie verärgert oder frustriert sei, antwortete sie:»Ja, manchmal werde ich wütend, wenn ich Verschwendung sehe; wenn die Dinge, die verschwendet werden, jene Dinge sind, die die Menschen brauchen; Dinge, die sie vor dem Tod bewahren könnten. Und frustriert? Nein, niemals.«[10]

ARBEITSWEISE

Mutter Teresa reagierte stets auf unmittelbare Bedürfnisse, wie beispielsweise in Bangladesch, Äthiopien oder Armenien. Sie überließ es den anderen, sich um die Gründe für die Armut zu kümmern; sie selbst konzentrierte sich auf die direkte Hilfe und nicht auf die weitere Entwicklung. 1988 wurde sie bei ihrem Besuch im Kayelitsha Township in Südafrika gefragt, welche Art von Hilfe ihre Schwestern anbieten könnten. Sie antwortete:»Ich kann Ihnen keine Antwort geben, bevor ich nicht mit den Menschen gesprochen habe. Erst dann kann ich es mit meinen eigenen Augen sehen und ihnen meine Liebe geben.«[11]

Sie erledigte ihre Arbeit nicht mit Hilfe von Komitees, Unterkomitees, Machbarkeitsstudien, Entwurfsvorschlägen, Berichten oder anderen Methoden, die üblicherweise zur Arbeit von Hilfs- und Wohltätigkeitsorganisationen gehören. Wenn sie Leid sah, dann reagierte sie unmittelbar darauf und ging davon aus, dass sie die Details später klären konnte.

Ein Missionsbruder der Nächstenliebe sagte einmal:»Ihre Betriebsamkeit ist verblüffend. Während andere sprechen, arbeitet sie. Während andere Fragen stellen, löst sie Probleme. Sie hat einen Sinn für das Wirkliche, das Dringende. Sie erkennt die Not und reagiert sofort darauf.«[12]

Für Mutter Teresa war es ausschlaggebend, dass die Arbeit von Gebeten begleitet wurde. In seiner ersten Enzyklika *Deus Caritas Est* (*Gott ist Liebe*) meinte Papst Benedikt XVI.:»Die Selige Teresa von Kalkutta ist ein sehr offenkundiges Beispiel dafür, dass die Zeit, die wir Gott im Gebet widmen, dem tatsächlichen Wirken der Nächstenliebe nicht nur nicht schadet, sondern in Wirklichkeit dessen unerschöpfliche Quelle ist.«[13]

BERÜHMTHEIT

Es waren die Medien, die zum Großteil für das Image Mutter Teresas als lebende Heilige verantwortlich waren. Hitchens hatte recht, als er sagte: »Die reiche Welt hat ein schlechtes Gewissen. Sie will glauben können – nein, sie muss glauben können, dass es irgendwo irgendjemanden gibt, der etwas für die Dritte Welt tut.«[14]

Gezim Alpion schreibt in seinem Buch *Mutter Teresa: Heilige oder Berühmtheit?* (*Mother Teresa: Saint or Celebrity?*), dass Mutter Teresa, wie andere Berühmtheiten auch, zu einer Marke geworden war. »Mutter Teresas Arbeit unter den Armen und ihre Spiritualität sind das wichtigste Aushängeschild des Vatikans, wenn es um Wohltätigkeitsarbeit und Spiritualität geht, und werden das wohl noch einige Zeit bleiben; und das in einer Zeit, in der die römisch-katholische Kirche, wie alle anderen Religionen auch, sich sehr darum bemüht, eine aktivere und einflussreichere Rolle im Leben der Gläubigen zu spielen und neue Mitglieder zu gewinnen.«[15]

Es stimmt tatsächlich, dass Mutter Teresa eine Berühmtheit war. Doch sie wurde nicht wie so viele Menschen, die heutzutage in den Medien auftreten, gefeiert, weil sie für ihr Aussehen oder für die Zurschaustellung ihres eigenen Egos berühmt geworden war. Sie wurde gefeiert, weil sie uns ein Ideal der Liebe und des Mitgefühls vor Augen hielt, dem wir uns alle tief in unserem Innersten verschrieben haben, dem wir aber die meiste Zeit nicht entsprechen können.

Deshalb fasziniert sie uns auch lange nach ihrem Tod noch immer. 2003 wurde sie von der britischen Schauspielerin Olivia Hussey (die die Rolle der Jungfrau Maria in Franco Zeffirellis Fernsehepos *Jesus von Nazareth* gespielt

Eine Frau berührt am 5. September 2007, dem zehnten Jahrestag ihres Todes, die Statue von Mutter Teresa in Skopje. Mutter Teresa wurde in Skopje geboren und starb am 5. September 1997 im Alter von 87 Jahren in Kalkutta.

hatte) in einem für das italienische Fernsehen produzierten Film verkörpert. 2006 brachte der Drehbuchautor Arun Kuckreja in Indien ihr Leben als Theaterstück auf die Bühne. Im darauffolgenden Jahr entstanden zu ihrem zehnten Todestag zwei weitere Theaterstücke. Im amerikanischen *The Diana Story* wurde ihre Beziehung zu Prinzessin Diana durchleuchtet und in England bildete ihr 1988 stattgefundenes Treffen mit dem Tycoon Robert Maxwell die Grundlage für das Stück *Das Geschäft – The Bargain*. In Skopje, ihrer Geburtsstadt, und Kalkutta, ihrer zweiten Heimatstadt, wurden Statuen enthüllt.

In seiner Autobiografie *Der eingeschlagene Weg (The Road Taken)* erinnert sich der BBC-Reporter Michael Buerk an ein Treffen mit Mutter Teresa in Kalkutta: »Ich traf Mutter Teresa und sah eine zusammengesunkene alte Frau, die bis zur Besessenheit darauf fixiert war, den Armen zu helfen. Sogar damals gab es Menschen, die ihre Motive, ihre strengen und eingeschränkten Methoden und die Ergebnisse ihrer Arbeit infrage stellten. Doch die Stärke ihres Charakters schien aus ihrem faltigen alten Körper und dem schrumpeligen Gesicht hervorzusprudeln – eine außergewöhnliche Frau, auch wenn sie keine Heilige war.«[16]

Es ist sicher, dass sie der Vatikan heiligsprechen wird. (Ein amerikanischer Priester sagte einmal: »Sie war wie das Evangelium in Farbe.«) Und für einige ist sie natürlich bereits seit vielen Jahren eine Heilige gewesen, ein Gedanke, der ihr großes Unbehagen bereitet haben musste, da sie ihre eigenen Fehler nur zu gut kannte. Es wird manchmal behauptet, dass jenen Persönlichkeiten innerhalb der Kirche, die sich für die soziale Gerechtigkeit einsetzen, der Sinn für Spiritualität fehlt und dass jene, die sich auf die Spiritualität konzentrieren, keinen Sinn für soziale Gerechtigkeit haben. Trotz ihrer Fehler vereinte Mutter Teresa beides in sich: Sie setzte ihren Sorgen über die soziale Gerechtigkeit konkrete Handlungen entgegen und sie stellte sicher, dass jeder Moment ihres Lebens im Einklang mit Gott stand. Das war das Geheimnis ihrer Anziehungskraft, der so viele erlagen.

Fußnoten

Einleitung

1 Kenneth Woodward, *The Wall Street Journal*, 8. September 2007

Kapitel 1

1 David Porter, *Mother Teresa: The Early Years*, S. 13
2 Eileen Egan, *Such a Vision of the Street*, S. 8
3 *The Story of a Soul of Thérèse of Lisieux*, Seite unbekannt
4 David Porter, *Mother Teresa: The Early Years*, S. 29
5 Ibd., S. 32

Kapitel 2

1 David Porter, *Mother Teresa: The Early Years*, S. 37
2 Ibd., S. 40
3 Ibd., S. 48
4 Ibd., S. 56
5 Brian Kolodiejchuk, *Mother Teresa: Come Be My Light*, S. 98
6 Ibd., S. 96
7 Ibd., S. 99

Kapitel 3

1 Eileen Egan, *Such a Vision of the Street*, S. 40
2 David Porter, *Mother Teresa: The Early Years*, S. 73
3 Ibd., S. 76
4 Desmond Doig, *Mother Teresa: Her People and Her Work*, S. 40

5 David Porter, *Mother Teresa: The Early Years*, S. 79

6 Eileen Egan, *Such a Vision of the Street*, S. 50

7 Ibd.

8 Brian Kolodiejchuk, *Mother Teresa: Come Be My Light*, S. 164

9 unbekannte Quelle

10 unbekannte Quelle

Kapitel 4

1 unbekannte Quelle

2 Brian Kolodiejchuk, *Mother Teresa: Come Be My Light*, S. 187

3 Eileen Egan, *Such a Vision of the Street*, S. 145

4 Brian Kolodiejchuk, *Mother Teresa: Come Be My Light*, S. 210

5 Ibd., S. 212

6 Ibd., S. 214

7 Ibd., S. 230

8 Kathryn Spink, *Mother Teresa: An Authorized Biography*, S. 112

9 E. Le Joly, *We Do It for Jesus*, S. 69

10 Malcolm Muggeridge, *Something Beautiful for God*, S. 41

11 Eileen Egan, *Such a Vision of the Street*, S. 235

12 Anne Sebba, *Mother Teresa: Beyond the Image*, S. 80

Kapitel 5

1 E. Le Joly, *We Do It for Jesus*, S. 153

2 unbekannte Quelle

3 Jose Luis Gonzalez-Balado (ed.), *Mother Teresa: In My Own Words*, S. 35

4 Kathryn Spink, *Mother Teresa: An Authorized Biography*, S. 87

5 Eileen Egan, *Such a Vision of the Street*, S. 230

6 Anne Sebba, *Mother Teresa: Beyond the Image*, S. 93

7 Ibd.

8 Lucinda Vardey (ed.), *Mother Teresa: A Simple Path*, S. 43–44

9 Ibd., S. 43

10 E. Le Joly, *We Do It for Jesus*, S. 10

11 Eileen Egan, *Such a Vision of the Street*, S. 458

12 E. Le Joly, *We Do It for Jesus*, S. 11

13 Brian Kolodiejchuk, *Mother Teresa: Come Be My Light*

14 *Time Magazine*, 4. Dezember 1989

15 www.nobelprize.org

16 Eileen Egan, *Such a Vision of the Street*, S. 389

17 www.nobelprize.org

18 Ibd.

Kapitel 6

1 Brian Kolodiejchuk, *Mother Teresa: Come Be My Light*, S. 294

2 Anne Sebba, *Mother Teresa: Beyond the Image*, S. 233

3 *New York Times*, 15. August 1983

4 Eileen Egan, *Such a Vision of the Street*, S. 441

5 Kathryn Spink, *Mother Teresa: An Authorized Biography*, S. 208, 205

6 Ibd., S. 205

7 E. Le Joly, *We Do It for Jesus*, S. 12

8 Father Charles O'Connor, *Classic Catholic Converts*, S. 192

9 *BBC TV* News Report

10 Anne Sebba, *Mother Teresa: Beyond the Image*, S. 115

11 George Weigel, *Witness to Hope*, S. 566

12 Lucinda Vardey (ed.), *Mother Teresa: A Simple Path*, S. 34

13 *Time Magazine*, 4. Dezember 1989

Kapitel 7

1 Anne Sebba, *Mother Teresa: Beyond the Image*, S. 117

2 Fernsehnachrichtenbericht, unbekannte Quelle

3 www.ewtn.com

4 www.priestsforlife.org

5 Ibd.

6 Ibd.

7 Hillary Rodham Clinton, *Living History*, S. 418

8 Ibd.

9 unbekannte Quelle

10 Lucinda Vardey (ed.), *Mother Teresa: A Simple Path*, S. 71

11 Mutter Teresas Rede vor der Weltfrauenkonferenz der Vereinten Nationen in Peking, 1995

12 Lucinda Vardey (ed.), *Mother Teresa: A Simple Path*, S. 53

13 E. Le Joly, *We Do It for Jesus*, S. 90

Kapitel 8

1 *The Nation*, 1992

2 *Hell's Angel*, Fernsehdokumentation, *Channel 4*, 1994

3 Ibd.

4 Ibd.

5 unbekannte Quelle

6 *Hell's Angel*, Fernsehdokumentation, *Channel 4*, 1994

7 unbekannte Quelle

8 Aroup Chatterjee, *Mother Teresa: The Final Verdict*, S. 200

9 Anne Sebba, *Mother Teresa: Beyond the Image*, S. 136

10 Aroup Chatterjee, *Mother Teresa: The Final Verdict*, S. 202

11 Anne Sebba, *Mother Teresa: Beyond the Image*, S. 142–143

12 unbekannte Quelle

13 *The Tablet*, 11. November 1994

14 unbekannte Quelle

Kapitel 9

1 Anne Sebba, *Mother Teresa: Beyond the Image*, S. 245

2 Lucinda Vardey (ed.), *Mother Teresa: A Simple Path*, S. 77

3 Pater Benedict Groeschel auf *EWTN*, Datum unbekannt

Kapitel 10

1 George Weigel, *Witness to Hope*, S. 513

2 Lucinda Vardey (ed.), *Mother Teresa: A Simple Path*, S. 65

3 Brian Kolodiejchuk, *Mother Teresa: Come Be My Light*

4 *EWTN*, Datum unbekannt

5 Jose Luis Gonzalez-Balado (ed.), *Mother Teresa: In My Own Words*, S. 25

6 Ibd., S. 27

7 *Independent Catholic News*, 21. Juni 2007

8 Lucinda Vardey (ed.), *Mother Teresa: A Simple Path*, S. 55

9 Desmond Doig, *Mother Teresa: Her People and Her Work*, S. 136

10 Eileen Egan, *Such a Vision of the Street*, S. 297

11 *New York Times*, 9. November 1988

12 E. Le Joly, *We Do It for Jesus*, S. 90

13 Papst Benedikt XVI., *Deus Caritas Est*, S. 31,68

14 *Hell's Angel*, Fernsehdokumentation, *Channel 4*, 1994

15 Gezim Alpion, *Mother Teresa: Saint or Celebrity?*, S. 234

16 Michael Buerk, *The Road Taken*, S. 339

Bibliografie

Gezim Alpion, *Mother Teresa: Saint or Celebrity?*, Routledge, 2007

Michael Buerk, *The Road Taken*, Arrow Books Ltd, 2005

Aroup Chatterjee, *Mother Teresa: The Final Verdict*, Meteor Books, 2003

Hillary Rodham Clinton, *Living History*, Headline, 2003

[Hillary Rodham Clinton, *Gelebte Geschichte*, Ullstein, 2007]

Desmond Doig, *Mother Teresa: Her People and Her Work*, Fount, 1978

[Desmond Doig: *Mutter Teresa: Ihr Leben und ihr Werk in Bildern*, Herder, 1979]

Eileen Egan, *Such a Vision of the Street. Mother Teresa: The Spirit and the Work*, Sidgwick & Jackson, 1985

Jose Luis Gonzalez-Balado (ed.), *Mother Teresa: In My Own Words*, Gramercy Books, 1996

Georges Gorree und Jean Barbier, *For the Love of God: Mother Teresa of Calcutta*, T. Shand Alba Publications, 1974

Christopher Hitchens, *The Missionary Position: Mother Teresa in Theory and Practice*, Verso, 1995

Michael Hollings, *Thérèse of Lisieux*, Fount, 1981

E. Le Joly, *We Do It for Jesus: Mother Teresa and Her Missionaries of Charity*, Darton, Longman & Todd, 1977

[E. Le Joly, *Wir leben für Jesus: Mutter Teresas geistlicher Weg*, Herder, 1978]

Brian Kolodiejchuk, *Mother Teresa: Come Be My Light - The Private Writings of the Saint of Calcutta*, Doubleday, 2007

[Brian Kolodiejchuk, *Komm, sei mein Licht! Die geheimen Aufzeichnungen der Heiligen von Kalkutta*, Pattloch, 2007]

James McGovern, *To Give the Love of Christ: A Portrait of Mother Teresa and the Missionaries of Charity*, Paulist Press, 1978

[James McGovern, *Christi Liebe weitergeben: Das Leben der Mutter Teresa*, Herder, 1980]

Malcolm Muggeridge, *Something Beautiful for God*, Collins, 1971

[Malcolm Muggeridge, *Mutter Teresa: Missionarin der Nächstenliebe*, Herder, 1976]

Pater Eugene Palumbi, SDB, *Mother Teresa: Angel of God*, Resurrection Press, 2000

David Porter, *Mother Teresa: The Early Years*, SPCK, 1986

[David Porter, *Mutter Teresa: Von Skopje nach Kalkutta. Die Geschichte einer Berufung*, Neue Stadt, 1988]

Anne Sebba, *Mother Teresa: Beyond the Image*, Orion, 1997

G.D. Solomon, *Brothers of Mother Teresa*, St Paul Publications, 1987

Kathryn Spink, *Mother Teresa: An Authorized Biography*, Fount, 1997

[Kathryn Spink, *Mutter Teresa: Ein Leben für die Barmherzigkeit. Biografie*, Lübbe 1997]

Kathryn Spink und Jose Luis Gonzalez-Balado, *Spirit of Bethlehem: Brother Andrew and the Missionary Brothers of Charity*, SPCK, 1987

Mutter Teresa und Bruder Roger, *Prayer: Seeking the Heart of God*, Fount, 1992

Lucinda Vardey (ed.), *Mother Teresa: A Simple Path*, Rider, 1995

[Lucinda Vardey, *Mutter Teresa: Der einfache Weg*, Hoffmann und Campe, 1995]

Pater Sebastian Vazhakala, MC, *Life With Mother Teresa: My Thirty-Year Friendship with the Mother of the Poor*, Servant Books, 2004

George Weigel, *Witness to Hope: The Biography of Pope John Paul II*, Cliff Street Books/ Harper Collins, 1999

[George Weigel, *Zeuge der Hoffnung: Papst Johannes Paul II. Eine Biographie*, Schöningh, 2002]

Sam Wellmann, *Mother Teresa: Missionary of Charity*, Barbour, 1997

REGISTER

Fotohinweise

Alamy: Seite 19 Mary Evans Picture Library; 22 Profimedia International s.r.o.; 25 Tibor Bognar; 47 Sean Sprague; 76 Terry Fincher, Photo Int

Corbis: Seite 3 Kapoor Baldev/Sygma; 30 Michael Maslan Historic Photographs; 52 Frèdèric Soltan/Sygma; 62, 148 Jayanta Shaw/Reuters; 74, 86, 101 Bettmann; 83 Philippe Caron/Sygma; 103 Arnaud de Wildenberg/Sygma; 117 Michel Setboun; 125 Robert Maass; 157 Bernard Bisson/Sygma; 162 Peter Turnley; 164 Amet Jean Pierre/Sygma

Getty: Seite 27, 57 Time & Life Pictures; 79 Leon Morris; 91, 134 Tim Graham; 96 Keystone; 98 Luc Novovitch/AFP; 104 David Rubinger/Time Life Pictures; 107 AFP; 115 Francois Lochon; 131 Joyce Naltchayan/AFP; 140 David Levenson; 143 David Ake/AFP; 144 Gemma Levine/Hulton Archive; 154 Anwar Hussein; 159 Raveendran/AFP; 160 Pablo Bartholomew; 168 Franco Origlia; 173 Joel Robine/AFP; 178 Robert Atanasovski/AFP

Jon Arnold Images: Seite 13

Magnum: Seite 42, 51, 58 Raghu Rai/Magnum Photos

Photographers Direct: Seite 119 Mark Goebel

Topfoto: Seite 15 Topham Picturepoint © 2001; 16 World History Archive/TopFoto; 17, 41 Topham Picturepoint © 2002; 28 TopFoto © 2005; 32 Topham Picturepoint © 2003; 37 Dinodia/Topham © 2004; 46 Roger-Viollet © 2005; 112 AP/Topham © 2003; 69 Topfoto © 2005; 122 AP/Topham © 2001

Lion Hudson

Commissioning editor: Kate Kirkpatrick

Project editors: Catherine Sinfield, Miranda Powell

Designer: Nicholas Rous

Picture researcher: Kate Leech

Production manager: Kylie Ord